MW01634466

Iran : l'heure du choix

OUVRAGE DE REZA PAHLAVI

Pour l'Iran, Flammarion, 2004.

OUVRAGES DE MICHEL TAUBMANN

L'Affaire Guingouin, Lucien Souny, 1994.

Femmes de prêtres, Stock, 2003.

La Bombe et le Coran – une biographie du président iranien Mahmoud Ahmadinejad, Éditions du Moment, 2008.

Histoire secrète de la révolution iranienne (avec Ramin Parham), Denoël, 2009.

Direction d'ouvrage

Irak An I – un autre regard sur un monde en guerre (avec Pierre Rigoulot), Éditions du Rocher, 2004.

Reza Pahlavi

Iran : l'heure du choix

Entretiens avec
Michel Taubmann

DENOËL

*Je dédie ce livre à tous mes compatriotes,
à nos aînés qui ont œuvré pendant des décennies
pour le progrès et le bien-être de la nation,
à ma génération — la génération victime —
qui se préparait à prendre la relève
mais qui n'a pas eu l'occasion de servir la patrie,
à ceux qui ont cru à la « révolution »
mais qui sont aujourd'hui
en grande majorité désillusionnés,
aux jeunes d'aujourd'hui
qui luttent pour un avenir meilleur.*

*Je dédie ce livre à la mémoire des innocents,
des victimes de toute injustice, passée et présente,
à la mémoire de nos soldats
qui ont défendu l'intégrité de la patrie,
à tous ceux qui combattent pour la liberté,
la démocratie et les droits de l'homme.*

Je reste comme eux fidèle à l'Iran éternel.

Avant-propos

C'est avec une curiosité mêlée de réticence que j'ai
rencontré pour la première fois Reza Pahlavi. Étant un
homme de gauche et profondément républicain, je n'ai
jamais éprouvé la moindre sympathie pour son père, le
shah d'Iran. Ce monarque autoritaire dirigeait son pays
d'une main de fer. Sous son règne, des opposants étaient
torturés par les agents de la Savak, sinistre police secrète.
L'Iran de l'époque n'était certes pas l'enfer décrit par
la propagande islamiste. Cependant, malgré un taux de
croissance de 10 % par an au milieu des années 1970,
il souffrait alors d'inégalités rendues plus criantes encore
par certaines festivités impériales.

Mais Reza Pahlavi n'est pas son père. Il suffit de discuter quelques minutes avec lui pour s'en convaincre.
Cet homme-là est sincèrement, profondément, viscé-
ralement attaché à la démocratie, à la laïcité, à l'égalité
entre les sexes, au respect des minorités, à la liberté
d'expression, aux droits de l'homme et aux valeurs des

Lumières, dont il rappelle qu'elles ne sont pas occidentales mais universelles. Reza Pahlavi est un combattant de la liberté. Il ne se réduit pas à son statut d'héritier de la plus ancienne monarchie du monde. S'il a grandi dans les palais, c'est loin d'eux, très loin, qu'il est devenu adulte. Il n'avait que dix-huit ans quand la révolution islamique a contraint sa famille à l'exil. Depuis trente ans, il n'a pas revu l'Iran. Il ne peut s'y rendre sous peine d'emprisonnement immédiat, voire d'assassinat, conformément aux pratiques d'un régime islamique qui ne tolère aucune opposition. Depuis trente ans, Reza Pahlavi mène une vie difficile, dans la précarité, l'inquiétude mais aussi dans l'espoir…

Ce qui m'a frappé chez lui, dès notre première rencontre ? Sa foi en un avenir différent pour son pays et pour lui-même. Reza Pahlavi aime l'Iran. Il rappelle fièrement que le roi Cyrus, fondateur du pays il y a vingt-cinq siècles, fut un précurseur des droits de l'homme. Reza Pahlavi aime surtout le peuple iranien. C'est de ce peuple qu'il parle dans ce livre. Les Iraniens souffrent d'une dictature obscurantiste et sanguinaire. Pour la seule année 2008, plus de 300 personnes ont été exécutées, souvent pendues en public à une grue, après avoir été mutilées ou lapidées. L'Iran est devancé seulement par la Chine, pourtant vingt fois plus peuplée, pour le nombre de peines capitales ! C'est un pays où les jeunes de moins de trente ans sont majoritaires. Mais ils sont malheureux.

Condamnés au chômage, ils sombrent dans la drogue, la prostitution, le désespoir. La peur, insidieuse, s'est infiltrée dans chaque recoin de la société.

Gare aux jeunes filles qui à travers leur voile, obligatoire, laisseraient apparaître une mèche de cheveux. Gare aux jeunes garçons porteurs d'un pantalon moulant jugé « décadent ». Gare aux amoureux qui se tiennent par la main ou s'embrassent dans la rue. Gare aux homosexuels, tués par centaines, par milliers peut-être depuis la révolution de 1979. Gare aux minorités nationales ou religieuses, notamment les Baha'is dont les cimetières sont détruits parfois au bulldozer. Gare aux femmes, pénalement inférieures aux hommes, qui lorsqu'elles sont violées sont plus lourdement condamnées que leur violeur ! Gare à ce peuple, suspect aux yeux de ceux qui le dirigent, mollahs et Gardiens de la révolution, sous les ordres d'un « guide suprême » qui ne rend de comptes… qu'à Dieu !

L'Iran est riche de ses gisements pétroliers, mais son peuple s'enfonce chaque jour dans la misère. Les revenus tirés de l'or noir, cinq fois supérieurs à ceux d'avant la révolution, sont détournés par la mafia dirigeante. Faute d'investissements nécessaires dans les raffineries, les Iraniens dépendent de l'extérieur pour alimenter leurs pompes à essence.

Reza Pahlavi n'ignore rien de l'Iran d'aujourd'hui, de ses petites tracasseries, de ses grands désespoirs.

Depuis Washington ou Paris, il correspond plusieurs fois par jour avec des Iraniens de tous horizons : syndicalistes, féministes, ouvriers, hauts fonctionnaires, mais aussi militaires et religieux, militants de gauche et monarchistes, anciens adversaires de son père et islamistes convertis à la démocratie. Reza Pahlavi ambitionne de les fédérer. Il exclut clairement de revenir à l'ordre ancien, définitivement mort en 1979. Il se voit plutôt, comme le roi Juan Carlos en Espagne, à la tête d'une monarchie parlementaire assurant la transition vers la démocratie.

Cela fait trente ans que Reza Pahlavi réfléchit au changement de régime. Avec d'autres Iraniens, de l'intérieur ou de la diaspora, économistes, scientifiques, juristes, il propose un programme. État de droit, séparation totale du politique et du religieux, économie de marché et protection sociale, autonomie des provinces. Il détaille ces propositions, concrètement, dans les pages qui suivent. À travers ses réponses le lecteur apprendra beaucoup sans doute sur l'Iran. Sur son histoire, tourmentée et complexe. Sur son présent, lourd de menaces.

L'Iran mérite mieux que ses dirigeants actuels. Persistant dans la quête de l'arme nucléaire, ils peuvent à tout moment précipiter le monde dans une crise aux conséquences incalculables. Reza Pahlavi, à l'unisson de la communauté internationale, refuse de voir les dirigeants islamistes disposer de la bombe atomique. Il connaît leur passion pour la mort. Il entend leurs menaces. Mais il refuse tout autant une opération militaire dont le peuple iranien serait la première victime. Constatant aussi l'inefficacité des sanctions, il propose, avec l'immense majorité des opposants iraniens, ce qu'il nomme la « troisième voie » : le renversement du régime par la désobéissance civile. Il demande à la communauté internationale de tenter le pari de la démocratie pour éviter à la fois la bombe et la guerre. Reza Pahlavi sera-t-il entendu ? Il mérite au moins d'être écouté. Le compte à rebours a commencé…

MICHEL TAUBMANN

1
Le choix démocratique

Michel Taubmann : *Reza Pahlavi, vous êtes le fils aîné du dernier shah d'Iran, Mohammad Reza Shah Pahlavi. La monarchie iranienne a été renversée début 1979 à la faveur la révolution islamique, en fait la prise du pouvoir politique par des religieux fondamentalistes menés par Ruhollah Khomeyni. Quand on se plonge dans la presse du début des années 80, on est frappé par l'incroyable erreur d'appréciation des observateurs prévoyant alors un effondrement rapide du régime de Khomeyni. En relisant le livre qui vous est consacré, paru en 1986 sous la signature de Christian Malar et Alain Rodier (Reza Pahlavi – le fils du Shah, de l'exil à la reconquête, Plon), on découvre un jeune prince héritier, très actif, entouré de personnalités aujourd'hui disparues, souvent assassinées comme l'ancien Premier ministre Chapour Bakhtiar. À l'époque vous paraissiez relativement optimiste et pensiez pouvoir retourner rapidement en Iran. Trente ans après la*

Révolution, on ne peut que constater la stagnation de l'opposition durant tout ce temps. Que s'est-il passé ? Quelles erreurs d'appréciation avez-vous faites ? Sur quoi vous êtes-vous trompé ?

REZA PAHLAVI : Effectivement, le régime islamiste durant sa première année était très fragile, très hétéroclite, très déchiré. Comme beaucoup, j'ai sous-estimé la capacité des nouveaux maîtres du pays à se maintenir au pouvoir par tous les moyens. À peine Khomeyni est-il revenu en Iran, le 1er février 1979, qu'il a déclenché une répression terrible, impitoyable, sauvage, non seulement contre ses opposants mais aussi, très vite, contre la gauche et l'extrême gauche, qui l'avaient porté au pouvoir. Sans doute n'ai-je pas réalisé au début que cette révolution islamique n'était pas un épisode supplémentaire dans l'histoire tourmentée de l'Iran, une simple parenthèse qui se fermerait rapidement. En clair : l'ordre ancien qu'incarnait mon père a disparu définitivement en 1979. Aucun retour en arrière n'est envisageable. Ni souhaitable.

Depuis vingt-huit ans je me consacre quotidiennement à mon pays, à l'opposition au régime islamiste. À l'époque j'étais uniquement le prince héritier. Je ne l'avais pas choisi, j'avais repris le flambeau à la mort de mon père, en juillet 1980. Aujourd'hui, je travaille avec les monarchistes comme avec les républicains, avec la gauche comme avec la droite, je sépare mon activité d'opposant de mon identité institutionnelle. Sans la moindre ambiguïté, je veux pour l'Iran une nouvelle Constitution démocratique et laïque, fondée sur la Déclaration universelle des droits de l'homme. Ce régime démocratique et laïque peut revêtir deux formes. Si la majorité des Iraniens choisit une monarchie moderne, parlementaire, comme il en existe aujourd'hui en Norvège, en Suède, aux Pays-Bas, en Espagne ou au Japon, je m'en réjouirai. C'est l'option que je représente. Mais si la majorité se prononce en faveur d'une république parlementaire, je l'accepterai naturellement aussi.

Pour le moment ce débat sur la forme est prématuré. Que l'on soit de gauche ou de droite, monarchiste ou républicain, nous sommes avant tout des démocrates laïques désireux d'en finir avec ce système théocratique. Ce qui compte aujourd'hui, c'est notre rejet total, absolu, sans compromis de la République islamique. On ne peut pas être entre les deux. On est pour ou contre. Ceux qui sont pour, n'en parlons pas. Mais ceux qui sont contre doivent dialoguer et s'unir. Il faut surtout franchir une nouvelle étape. Créer un rassemblement inédit. C'est là que je peux être utile, en aidant les oppositions à se rassembler.

En quoi précisément avez-vous changé depuis trente ans ?

Ai-je changé ? Probablement. Mais j'ai surtout beaucoup appris… J'ai quitté l'Iran, en juin 1978, quelques mois avant la révolution, afin de poursuivre mes études aux États-Unis. J'avais alors dix-sept ans, j'étais un adolescent qui remplissait de temps en temps un rôle protocolaire tout en m'initiant de façon rudimentaire au fonctionnement de l'État. Je n'étais pas en relation quotidienne avec des responsables politiques. Arrivé au Texas, j'ai suivi des cours pour devenir pilote de chasse sur une base de l'US Air Force. J'étais là-bas quand la révolution a poussé ma famille à l'exil. C'est la mort de mon père au Caire, en 1980, qui m'a projeté sur le devant de la scène politique.

J'étais extrêmement jeune, sans expérience politique. À l'époque, les communications avec l'intérieur du pays étaient difficiles, contrairement à aujourd'hui où je peux à n'importe quel instant appeler n'importe qui n'importe où en Iran. Là où j'habitais, exilé, au Caire ou au Maroc, il fallait parfois attendre plusieurs heures avant d'obtenir une communication téléphonique avec l'Iran, Paris ou Londres. On parlait donc toujours avec les mêmes, les anciens responsables du pays ou les représentants d'anciens partis en exil. Si j'avais su ce que je sais maintenant, je me serais tenu à l'écart des querelles intestines, ridicules, puériles qui prenaient beaucoup de temps.

Tout a changé en vingt-huit ans. Aujourd'hui les étudiants, les ouvriers, les femmes, les différentes communautés nationales, le clergé, les militaires et même les Gardiens de la révolution manifestent leur mécontentement.

Et surtout, la grande majorité ne croit plus en ce système islamique. La nouvelle génération est tournée vers le futur alors que les précédentes n'arrivaient pas à surmonter les blessures du passé qui remontaient parfois à la Seconde Guerre mondiale. Avec la nouvelle génération, le dialogue porte sur la meilleure manière de résoudre concrètement les problèmes du pays. Cela me convient mieux. Que je le veuille ou non, pour beaucoup d'Iraniens je suis le fils du shah, l'héritier de la couronne. C'est un capital politique dont je dispose. Mais je ne l'utilise pas uniquement en faveur de l'institution monarchique. Mon objectif, c'est la démocratie. De tout mon être, de toute mon âme, je suis un démocrate, je place la démocratie au-dessus de tout.

Est-ce une importante évolution de votre part ?

Non, j'y ai toujours cru. Mais la vision que beaucoup d'Iraniens avaient de moi a évolué ces dernières années. Le 31 octobre 1980, trois mois après la mort de mon père, le jour de mon vingtième anniversaire, alors que j'étais en exil au Caire, j'ai prêté serment sur la Constitution iranienne de 1906 qui, bien avant tous les pays de la région, a instauré un Parlement afin d'équilibrer les pouvoirs du chef de l'État. C'était tout à fait irréel, cette prestation de serment, seul dans une salle d'un palais égyptien, à des milliers de kilomètres de Téhéran. Mais si je ne le faisais pas, c'est comme si je décidais d'en finir avec l'institution. Or je n'avais pas ce droit. Par ce geste symbolique, je voulais dire aux Iraniens : « Bien que vous lui ayez tourné le dos, la monarchie ne vous abandonnera jamais. Elle est là pour vous servir. Mais elle ne peut pas être plus importante que vous. Vous la refusez actuellement, c'est votre choix. Mais si vous changez d'avis, je serai là. » Peu après, j'ai souhaité mettre ma couronne entre les mains du peuple à travers un référendum. J'ai proposé que les Iraniens puissent déterminer librement la nature de leur régime politique.

Je m'en suis expliqué longuement au début des années 80 dans un entretien avec Patrick Wajsman pour *Le Figaro magazine*. Cette proposition m'a été durement reprochée dans les milieux monarchistes de l'époque. Mais pour moi c'était déjà une question de principe : la légitimité d'une monarchie ne peut venir que du peuple. Je mets au défi le régime islamique d'organiser un tel référendum. Si les mollahs sont si sûrs d'eux-mêmes, pourquoi ont-ils peur du vote populaire ?

Vous ne vous voyez pas dans une autre fonction que celle d'un monarque constitutionnel ?

Franchement, non. Des républicains m'ont suggéré d'abandonner la monarchie en m'assurant qu'ils me soutiendraient comme futur candidat à la présidence d'un Iran démocratique. Je leur réponds que je n'ai pas le droit, en me ralliant à cette thèse, de supprimer l'option monarchique avant que le peuple iranien ait tranché.

Peut-on condamner le principe monarchique parce que certains monarques ont commis des fautes ? Dans ce cas il faudrait aussi condamner le système républicain au nom des dérives de certains présidents. Il existe des monarchies bien plus démocratiques que certaines républiques. Ma préférence pour la monarchie parlementaire découle d'une analyse historique et institutionnelle. Elle correspond aussi à mon tempérament. Un roi constitutionnel se doit d'être un fédérateur, un rassembleur.

Étant donné les multiples communautés ethniques – une dénomination qui n'est pas perçue comme péjorative en Iran – et minorités religieuses qui forment le peuple iranien et les nombreux conflits qui ont émaillé notre histoire, nous avons besoin d'une personnalité symbolisant la nation mais tenue à une neutralité absolue qui lui interdirait toute intervention dans le fonctionnement du gouvernement. Or dans une république, le chef de l'État représente forcément un certain parti, une certaine religion, une certaine minorité. Je veux pouvoir parler à tout le monde, librement.

La monarchie constitutionnelle, en assurant une continuité, apporte une plus grande stabilité. Pour un pays comme l'Iran, qui est une mosaïque de peuples, de religions différentes, cette institution sera la toiture qui protège l'unité de la nation. Regardez l'Espagne, la monarchie y a joué, y joue encore le même rôle.

Comme je vous l'ai déjà dit, je n'ai pas à défendre une idéologie ou une politique particulière. Je ne suis pas l'homme qui dirigera au quotidien. Je me préoccupe plutôt des fondamentaux de la société iranienne de demain. Il faudra veiller à la nature démocratique des institutions, bien au-delà des structures gouvernementales et de leur bon fonctionnement. Il faudra veiller au respect total des droits de l'homme, à l'indépendance de la justice, à l'application du principe d'égalité entre tous les citoyens et à l'absence de toutes formes de discriminations. Voici quels seront mes devoirs si demain mes compatriotes optent pour la monarchie parlementaire.

En revanche, si la majorité des Iraniens rejette par référendum la monarchie, je ne ferai pas une campagne contre la république. Le point commun entre la monarchie et la république parlementaires, c'est la démocratie. Je serai toujours proche d'un républicain démocrate et éloigné d'un monarchiste autoritaire.

Ces trente années que vous avez passées en Occident vous ont-elles changé ? Quels bagages intellectuel et politique allez-vous ramener en Iran à votre retour ?

Je suis évidemment un citoyen du monde, je connais la société occidentale de l'intérieur, avec ses qualités et ses défauts. Je ne pourrai jamais la détester mais je ne peux pas non plus l'idéaliser. Mon identité est très claire : je suis évidemment un Iranien qui aime passionnément sa patrie et qui a une responsabilité particulière envers elle.

Je ne peux vivre que dans un système où le pouvoir est constamment sous contrôle de contre-pouvoirs et de l'opinion publique, où les citoyens sont protégés des abus par le droit, par la justice, par la liberté de la presse, où la corruption est combattue. Ce système démocratique est incontestablement le meilleur pour le développement des sociétés. Je l'ai vu à l'œuvre aux États-Unis et en Europe. Je rêve de connaître en Iran ce que je retrouve aussi en France ou en Inde. La démocratie n'est pas une question d'origines, de religion, de culture. Les Iraniens sont tout autant capables de vivre en démocratie que les Suédois, les Espagnols ou les Japonais. Ce serait très méprisant de penser que la démocratie est réservée aux peuples de culture occidentale. Je ne vivrais pas en Occident si la démocratie existait chez moi. Je veux retourner dans mon pays.

C'est à l'Iran que j'appartiens, je préfère me réveiller devant un paysage de mon pays plutôt que devant une forêt américaine.

L'expérience, les connaissances que j'ai acquises depuis trente ans, j'aimerais les mettre au service de l'Iran.

Pensez-vous souvent au retour ?

Depuis trente ans, je n'ai plus le droit de vivre librement et en sécurité dans mon pays. Alors je travaille de toutes mes forces pour reconquérir ce droit qui pourtant me revient. Le jour où l'Iran changera, j'y retournerai immédiatement.

Pour accélérer le changement, il faudra sans doute qu'un jour je force les portes, que je me rende en Iran. Suis-je prêt à sacrifier ma vie ? Oui. J'en ai parlé à ma femme et à mes filles. C'est dur pour elles. Elles savent que je les aime mais que pour moi rien n'est plus important que l'Iran. Je suis pleinement conscient du fait que mes actions auront un impact sur la vie de millions de mes compatriotes. Mais je ne ferai rien d'irresponsable.

Cela fait trente ans que je suis menacé. On a envoyé plusieurs fois des équipes de tueurs pour m'abattre. Je prends constamment des précautions pour ma famille. Que penseraient les Iraniens d'un leader qui ne prendrait pas soin des siens ?

Il existe des principes moraux universels. Je l'ai appris à travers mes rencontres avec toutes sortes de personnes dans divers pays, du Brésil au Vietnam, du Canada à l'Égypte… Cela fait partie de l'expérience que j'ai accumulée depuis une trentaine d'années. Peu importent les cultures, les pays, la géographie. L'être humain a certaines exigences, certains espoirs, je les entends, je les comprends, j'essaie d'absorber tout cela. C'est à cette école du monde que je me suis vraiment formé depuis trente ans. Quand on pense que les dirigeants actuels de l'Iran, Khamenei ou Ahmadinejad, sont déconnectés du monde et de notre siècle ! L'Iran mérite d'être dirigé par des gens qui connaissent le monde et que le monde reconnaît.

Pensez-vous que dans certains pays la haine de l'Occident perçu comme décadent, matérialiste et dominateur soit fondée ? Comprenez-vous qu'une partie de la planète déteste les États-Unis ?

La critique de l'Occident est fondée. Moi aussi, il y a des choses que je n'apprécie pas dans le mode de vie occidental. Mais détester, c'est un mot laid. La haine ne mène à rien. Je ne suis pas un inconditionnel du matérialisme économique, que la gauche reproche aux États-Unis. Je ne suis pas non plus partisan de l'égalitarisme. On ne peut pas décréter qu'un grand scientifique devrait percevoir le même salaire qu'un ouvrier, ce ne serait pas équitable. De ce point de vue, j'ai un problème avec le marxisme. Mais on ne doit pas oublier la justice sociale, c'est l'apport précieux et indispensable de la gauche. Il faut trouver un certain équilibre, un peu comme dans le modèle européen.

Pensez-vous que l'on puisse transposer en Iran des valeurs occidentales, un modèle occidental ?

Qu'appelez-vous les « valeurs occidentales » ? La liberté religieuse, la liberté d'expression, le respect de la personne ? Savez-vous que ces « valeurs occidentales » sont nées en Perse il y a deux mille cinq cents ans avec Cyrus le Grand, notre empereur qui a proclamé la première déclaration des droits de l'homme ? Et le monothéisme, où est-il né ? D'un point de vue géographique, c'est une création orientale.

Beaucoup de choses qui ont contribué à ce que l'on appelle aujourd'hui l'Occident, en matière politique ou philosophique, proviennent de l'Orient. Bien avant Galilée et Copernic, les astronomes étaient égyptiens, phéniciens ou chinois.

Orient ? Occident ? En réalité, il existe des valeurs universelles, que l'on retrouve surtout en Occident car cette région est politiquement en avance sur les autres. Mais cela ne veut pas dire que l'Occident aura éternellement le monopole de certaines idées. Je ne crois absolument pas au choc des civilisations. Beaucoup de

nations, si elles en avaient aujourd'hui la liberté, adhé-
reraient pleinement aux valeurs des Lumières.

*En France, un ancien ministre des Affaires étrangères,
Roland Dumas, un intellectuel, Emmanuel Todd, et certains journalistes présentent souvent l'Iran comme un
pays plus ou moins démocratique, une démocratie
« imparfaite » ou « islamique ». Que leur répondez-
vous ?*

Je leur propose d'aller passer six mois en Iran dans
la peau des étudiants, des journalistes, des blogueurs,
des défenseurs des droits de l'homme et de tant de
femmes considérées comme des citoyennes de seconde
classe. Ils se retrouveront en prison, torturés, pendus
en public, ils verront aussi leurs enfants se piquer à
l'héroïne ou se prostituer. Après cette expérience, ils
pourront se prononcer sur la nature réelle du régime.
Prétendre aujourd'hui que ce régime est démocratique,
c'est une insulte à l'intelligence et à la souffrance de
tous les Iraniens.

Vous parlez d'un régime dont la Constitution considère le peuple comme incapable de déterminer son avenir et donc impose un guide suprême religieux qui
est le seul capable de décider.

Vous parlez d'un régime dont le Parlement a juste
le droit de « proposer » des lois mais la décision finale
revient à un organe non élu, le conseil des gardiens de

la Constitution, voire en dernier recours au guide suprême, qui ne considère tenir son pouvoir que de Dieu.

Vous parlez d'un régime où pour chaque élection (locale, législative, présidentielle) les candidats sont filtrés et éliminés. Est-ce que l'Occident, à l'époque de la guerre froide, considérait les prétendues « élections » en URSS comme étant libres et démocratiques ? Dire que ce régime est une « démocratie » même imparfaite, c'est commettre une faute grave mais c'est aussi faire preuve de cynisme et d'hypocrisie.

Certains en Occident pensent que l'islamisme est le régime naturel d'un pays comme l'Iran. Ils considèrent que les peuples d'Orient sont « culturellement » incapables d'accéder aux valeurs des droits de l'homme et de la démocratie. Ils ont théorisé ce préjugé sous l'appellation de « différentialisme culturel ». Ce qui est bon pour eux n'est pas bon pour les autres. Cette condescendance occidentale a suscité en retour des théories tout aussi condamnables de rejet de l'Occident qui ont fait le lit de Khomeyni ou d'autres extrémistes.

Chaque pays possède son histoire, sa culture. La Turquie et le Pakistan sont voisins de l'Iran, ils n'en sont pas moins différents. *A fortiori*, par rapport aux États-Unis ou à l'Europe, l'Iran possède beaucoup de spécificités. Je ne souhaite pas que l'Iran perde ses traditions, son folklore, sa culture. En revanche, d'un point de vue politique, nous devons nous inspirer de l'Occident tout en restant fidèles à notre identité et à notre culture.

Donc, vous diriez : « Je suis universaliste » ?

Globalement, oui. Je suis Iranien, bien sûr. Mais j'appartiens aussi à l'humanité. C'est le contraire exact du khomeynisme et des islamistes qui croient à une religion supérieure et professent la haine de l'autre : le chrétien, le Juif, l'Occidental, l'homosexuel et même le sunnite…

beaucoup plus conflictuels qu'on ne le dit, avec les grandes puissances. Mon père gênait l'Occident. Cela ne lui fut pas pardonné…

Vous dites qu'il gênait l'Occident. Comment ? À quel moment ?

En 1973, au moment de la crise pétrolière, mon père a été accusé d'être responsable de la flambée du prix du baril. Or, à l'époque, il disait en substance : « Le pétrole est un produit noble, nous ne pouvons pas le vendre à un prix inférieur à sa valeur réelle. Mais nous ne pouvons pas non plus exagérer les prix, car dans ce cas les Occidentaux vont augmenter le coût de leurs exportations et on entrera dans une guerre économique. » Quand le pétrole est passé de 2,30 dollars à 9 dollars le baril, l'Iran s'est retrouvé subitement avec des liquidités permettant le lancement de grands projets tels des barrages, des hôpitaux et autres infrastructures. Il est devenu la plus grande puissance économique et militaire de la région. Contrairement à ce que l'on a dit, mon père n'était pas aux ordres de l'Occident. S'il l'avait vraiment été, aurait-il été lâché par l'Occident ? Quand il a défendu nos intérêts pétroliers, en 1973, se comportait-il en « laquais de l'Occident » ?

C'est pourtant l'image que votre père a laissée… Elle tient beaucoup au souvenir du renversement du Premier ministre Mossadegh en 1953, qu'il organisa avec l'aide des Américains et des Britanniques. Face à un Mossadegh nationaliste fervent, le shah d'Iran s'est-il comporté en vassal des Américains ?

Cette vision est simpliste. Elle fait totalement abstraction des faits historiques. Le 15 mars 1951, sous l'impulsion du Front national, nouvellement formé par le Dr Mossadegh, et avec le soutien total du shah, le Parlement iranien vote à l'unanimité la nationalisation du pétrole. Dès le lendemain, mon père promulgue la loi en exprimant son enthousiasme à la nation. À cette époque il y avait un consensus total sur cette question. Après la nationalisation du pétrole, tout le pays était en liesse. Un mois plus tard, le 28 avril, l'Assemblée nationale propose, à une seule voix de majorité, le Dr Mossadegh comme Premier ministre. Mon père le nomme immédiatement.

Cette histoire ne s'est absolument pas passée comme on le raconte en général. Des travaux historiques ont paru récemment, notamment le livre d'un chercheur ayant été prisonnier politique avant la révolution, Ali Mirfetros, *Mohammad Mossadegh, pathologie d'un échec*, qui démontre que, au début, leurs relations étaient excellentes et cordiales. Tous deux étaient des patriotes fortement préoccupés par la mainmise étrangère sur le pays. La nationalisation du pétrole était l'objectif qui les unissait. Après avoir repoussé les troupes russes qui restaient encore dans le nord du pays en 1946, l'Iran se retrouvait à nouveau sous une forte influence britannique. La nationalisation du pétrole devenait le symbole de l'indépendance nationale (depuis la découverte des premiers gisements en 1907, notre pétrole était sous monopole britannique). C'est pourquoi mon père était sincèrement heureux d'appeler le Dr Mossadegh aux responsabilités. Les deux hommes voulaient agir dans la même direction. Ce n'est pas la nationalisation du pétrole qui a créé le conflit entre le chef de l'État et celui du gouvernement. Pas du tout ! Sur cette question, mon père a soutenu le Dr Mossadegh jusqu'au bout.

Ce sont les conséquences de cette politique qui les ont séparés. Après la nationalisation, quand nous avons dû affronter en représailles un boycott total de notre pétrole par les Britanniques et que l'État iranien s'est trouvé en quasi-faillite, alors mon père et le Dr Mossadegh ont divergé. Mon père pensait qu'en allant trop loin dans l'affrontement avec les Britanniques, le Premier ministre risquait de faire passer, malgré lui, notre pays sous le contrôle des Soviétiques. N'oublions pas que le puissant parti Tudeh, la cinquième colonne des Soviétiques, tentait de prendre le pouvoir. L'Iran aurait alors pu être satellisé sans que les Soviétiques aient à envoyer des chars. Mon père craignait de voir une alliance des religieux et des communistes s'emparer du pays. Là-dessus s'est greffée une crise institutionnelle. Le Dr Mossadegh a dissous l'assemblée et s'est mis à gouverner par décrets, ce qui n'était pas conforme à la Constitution.

Mon père l'a soutenu le plus longtemps possible. Mais il est arrivé un moment où la défense de l'intérêt national exigeait de faire un choix. Était-ce le bon ? Était-il légal ? Qui était dans son droit ? Aujourd'hui, il n'y a toujours pas de consensus sur cet épisode de notre histoire.

Cette expérience Mossadegh a-t-elle préparé la révolution de 1979 ?

Les causes des deux crises sont très différentes. Celle de 1979 a eu comme principal moteur, à ses débuts, parmi les élites intellectuelles, le manque de libertés politiques. Leurs revendications étaient légitimes : il y avait des excès d'autorité et des atteintes aux droits de l'homme, que je condamne sans ambiguïté. Mais ce mouvement a été instrumentalisé par une idéologie islamo-marxiste qui ne se souciait pas de la liberté et des droits de l'homme mais visait simplement à travers cette crise à faire obstacle à l'Occident dans le conflit Est-Ouest. La haine de la démocratie, le rejet de toute présence occidentale en Iran, tels étaient les dénominateurs communs des religieux obscurantistes et de la gauche prosoviétique. C'est devenu le fondement du régime islamique. De l'Occident, il rejette le meilleur : les droits de l'homme, la démocratie, le pluralisme, la liberté, l'égalité des sexes. Cela n'a rien à voir avec 1953 où, je le répète, ce n'est pas le rapport à l'Occident qui opposa le Dr Mossadegh à mon père mais une crise institutionnelle.

Une autre cause fondamentale de la crise de 1979 réside dans la déconnexion entre l'institution monarchique et le peuple. Mon père a effectivement dépassé les limites imposées par la Constitution, il est devenu décideur, au lieu de rester arbitre, alors que le peuple et l'intelligentsia se sentaient écartés du pouvoir. Après la période Mossadegh, mon père se sentant trahi a voulu prendre les rênes, ce qu'il n'avait jamais fait avant Mossadegh.

Enfin, le fossé créé en 1953 n'a malheureusement pas été comblé. Cela empêcha sans doute mon père de se réconcilier avec le Front national partisan du Dr Mossadegh. Il n'a sans doute pas eu les gestes qu'il fallait pour surmonter les rancœurs. Certains, comme le Dr Bakhtiar, souhaitaient que le shah revienne à un rôle constitutionnel et cela sans remettre en cause l'institution monarchique. D'autres ont dérapé. Ils continuaient à prêcher la théorie de la double négation de Mossadegh, « ni l'Est ni l'Ouest », qui devint un slogan des révolutionnaires de 1979 : « Ni l'Est ni l'Ouest, République islamique. » Parmi ceux-là on peut citer

Mehdi Bazargan qui s'est jeté dans les bras de Khomeyni, et est devenu son Premier ministre pendant un an avant de rompre avec lui. Mais on ne peut pas généraliser et dire que 1979 fut la suite de 1953.

Si votre père était aussi nationaliste que Mossadegh, comment a-t-il pu en 1953 être ramené au pouvoir par un coup d'État de la CIA ?

C'est vrai que mon père a bénéficié de l'appui des Américains. Mais parler de coup d'État relève de la fable. Le gouvernement du Dr Mossadegh avait perdu sa popularité, sinon comment peut-on expliquer qu'il se soit effondré en moins de trois jours ? Aucune officine secrète, aucun gouvernement étranger, même avec les plus gros moyens, n'aurait pu réaliser une telle prouesse.

Le départ de mon père pour Rome a créé un électrochoc, les Iraniens ont réalisé ce qui se passait, avec la menace d'une prise de pouvoir par les communistes du parti Tudeh, ils ont eu peur du chaos. Et quand des religieux comme les ayatollahs Behbahani et Kashani ont lancé un appel aux masses, ceux qui criaient « Vive Mossadegh » se sont mis à chanter « Vive le shah ».

Je dois ajouter que le Dr Mossadegh, farouche patriote, était pris dans un étau à ce moment précis.

Mais votre père aurait-il pu reprendre le pouvoir en 1953 sans l'appui des Américains ?

Que s'est-il passé réellement ? La situation du pays était extrêmement préoccupante. À cause du blocus britannique nous étions pratiquement en faillite. Les communistes du parti Tudeh gagnaient du terrain chaque jour. Sur le plan international, nous étions dans l'impasse. Certains, dans l'entourage du Premier ministre Mossadegh, empêchaient tout compromis qui aurait pu permettre de trouver une issue honorable à la crise.

Dans ce contexte, le shah qui, je vous le répète, avait jusque-là respecté la Constitution, a été contraint d'utiliser son pouvoir constitutionnel pour destituer le Premier ministre. Ce dernier a refusé le décret de renvoi. Ce fut un acte anticonstitutionnel. C'est après cela que mon père est parti pour Rome.

Je ne dis pas que mon père a eu raison de démettre le Premier ministre Mossadegh. Je ne dis pas non plus que le Dr Mossadegh ait eu raison de s'opposer au décret. La réalité n'est pas noire ou blanche. On ne peut pas donner à 100 % raison à mon père, ni à 100 % raison à Mossadegh. C'est un épisode historique vieux de cinquante-six ans. Le seul intérêt de ces débats historiques, c'est d'en tirer les leçons concernant les réformes institutionnelles nécessaires pour empêcher la répétition de telles crises dans l'avenir.

Quelles sont ces leçons ?

Première leçon : il faut construire un système dans lequel les forces armées doivent être loyales avant tout à la Constitution qui, elle, se place au-dessus de tout, y compris du chef de l'État, qu'il soit roi ou président.

Deuxième leçon : une justice indépendante doit posséder l'autorité suffisante pour pouvoir trancher en cas de désaccord constitutionnel. Ainsi, une Cour suprême, ou un Conseil constitutionnel, doit pouvoir dire, en dernier recours, si un acte du pouvoir exécutif ou législatif est conforme à la loi fondamentale. Si un chef de gouvernement agit d'une manière contraire à la loi, on doit lui indiquer des limites. Aux États-Unis, c'est la Cour suprême qui se prononce sur la constitutionnalité de telle ou telle décision.

Dans ce cas, l'armée ne se trouve plus tiraillée entre plusieurs légitimités. Elle sait exactement si elle a le droit de refuser un ordre et à qui elle doit obéir. C'est très clair. Par exemple, si le Dr Mossadegh avait violé la Constitution, il ne pouvait plus donner d'ordres à l'armée. Si c'était le shah qui avait failli, l'armée n'aurait eu aucune raison d'agir contre le chef du gouvernement.

Si demain, un chef de gouvernement ne se soumet pas à une décision de l'organe chargé de veiller au respect de la Constitution et décide illégalement d'utiliser la force, fait arrêter les parlementaires et les juges, il faut prévoir la possibilité pour l'armée de désobéir au chef du gouvernement. Dans un cas extraordinaire, quand tous les autres pouvoirs, le législatif comme le judiciaire, sont neutralisés, il faut autoriser le chef de l'État, monarque ou président de la République, à commander temporairement les forces armées afin qu'elles rétablissent la légalité.

C'est une situation que l'Espagne a connue au début des années 80 quand le roi Juan Carlos a fait échouer une tentative de coup d'État. Tout ceci doit être très minutieusement codifié pour que la loi s'impose en dernier recours. Si nous avions disposé d'un tel mécanisme, la crise de 1953 aurait été réglée rapidement. L'ultime garantie de non-détournement de la démocratie, c'est le règne de la loi et l'existence de mécanismes clairs de défense de la Constitution. Cette même Constitution à laquelle, que l'on soit monarque, président, Premier ministre ou tout autre responsable public, on doit prêter serment.

Suite à l'expérience Mossadegh, l'obsession de votre père à l'égard du danger communiste ne l'a-t-elle pas empêché de percevoir la poussée des islamistes dans la société iranienne ?

Oui, on peut dire cela. Mais attention à ne pas réécrire l'histoire ! Avant la révolution blanche, en 1963, on ne se souciait pas tellement des religieux, parce que la majorité d'entre eux n'étaient pas politisés. Le phénomène islamiste a commencé avec Khomeyni. Il avait pris la tête des adversaires des réformes, notamment ceux qui étaient hostiles aux droits des femmes et à la réforme agraire. Mais il n'envisageait pas encore de fomenter une révolution.

Mon père a plusieurs fois fait allusion à l'alliance entre les marxistes et les islamistes, ce qu'il appelait « la maudite alliance entre le rouge et le noir »… À l'époque beaucoup se sont moqués de lui car cette alliance paraissait inconcevable. Il avait pourtant raison : le moteur de la révolution islamique fut en effet cette alliance.

Votre père est souvent décrit comme un personnage prétentieux, mégalomane. Ainsi Jean François-Poncet, ancien ministre français des Affaires étrangères, m'a raconté que votre père invité à Versailles par le président Giscard d'Estaing donnait des leçons aux dirigeants français sur la construction européenne ou sur la gestion de notre économie. Le reconnaissez-vous dans ce portrait ?

Je ne peux pas savoir ce qui a été discuté. Je n'y étais pas. C'est facile de rapporter les propos d'un mort qui ne peut plus répondre. Si on lui a dit : « Vous devriez faire comme ceci chez vous », peut-être a-t-il répondu : « Vous aussi vous devriez faire comme cela chez vous. » Allez savoir !

On a souvent reproché à mon père d'être orgueilleux ou arrogant, voire dans le pire des cas mégalomane. C'était un comportement érigé en réaction aux multiples humiliations que l'Iran a subies, de la part des grandes puissances, depuis le début du XIXe siècle. Durant cette période, les Russes et les Britanniques ont souvent traité le peuple iranien comme un peuple inférieur.

C'est la description de quelqu'un qui avait la folie des grandeurs.

Donner un avis ou un conseil à des responsables d'un pays ami, c'est ce que l'on appelle avoir la folie des grandeurs ?

Mais peut-être attendait-on de lui l'attitude humble que devrait adopter un dirigeant du tiers-monde à l'égard de ses « maîtres » occidentaux ? Ce n'était pas le genre de mon père ! C'était un homme fier de son pays qui, après avoir souffert dans sa jeunesse du mépris des grandes puissances, ne nourrissait plus aucun complexe à leur égard.

Et les somptueuses fêtes de Persépolis, en 1971, ce n'était pas de la mégalomanie ?

Célébrer les deux mille cinq cents ans d'une monarchie, non ce n'est pas de la mégalomanie. La France a bien fêté le bicentenaire de sa Révolution en 1989 et les États-Unis leurs deux cents ans d'indépendance en 1976. Il s'agissait de prendre une initiative prestigieuse afin de célébrer l'histoire et la culture du pays.

Cependant, il est vrai que les festivités ont été coûteuses. Pourquoi a-t-on fait venir de la nourriture de chez Maxim's à Paris ? C'était choquant. Cela a été critiqué et a discrédité l'ensemble des célébrations. J'aurais fait les choses autrement en privilégiant des prestataires iraniens. Et, surtout, j'aurais fait en sorte que le peuple iranien soit davantage associé à ces festivités.

Mais il faut être honnête : le faste ne représentait que 20 % du budget. Le reste a été consacré aux infrastructures, à construire des écoles, des hôtels, des hôpitaux, des aéroports. Cela a permis de créer beaucoup d'emplois.

L'initiative n'était pas nécessairement mauvaise. Mon père aimait son pays, je vous l'ai dit. Et il voulait le faire briller dans le monde entier. En effet, à cette occasion, beaucoup d'initiatives ont été prises dans de nombreux pays afin de faire mieux connaître la culture et l'histoire de l'Iran. S'y est-il mal pris ? Peut-être. Était-il trop orgueilleux pour son pays ? Avec le recul, je dirais qu'il poursuivait des objectifs trop élevés et qu'en tous domaines il allait un peu trop vite. Mais depuis, beaucoup d'Iraniens reconnaissent que la plupart de ses réalisations étaient nécessaires pour le développement du pays.

Quelle est votre conception du mode de vie d'un monarque constitutionnel ? Si vous revenez sur le trône d'Iran, disposerez-vous comme votre père de plusieurs palais ? Ou d'une simple résidence ?

Si cela ne dépendait que de moi, je choisirais une simple résidence. Évidemment un chef d'État doit aussi assister à des cérémonies, recevoir ses homologues étrangers. Pour cela on peut se servir occasionnellement de palais. Mais je n'ai pas besoin d'y vivre. Je ne veux pas me couper du peuple, je veux vivre près de lui. Je circulerais en permanence dans le pays pour rencontrer les Iraniens, les écouter. S'ils optent pour une monarchie parlementaire, je serai le défenseur du peuple auprès du gouvernement.

Sous mon père, le shah, au contraire, était devenu le protecteur du gouvernement face au peuple. Je serai un recours pour le peuple. Je ne me vois pas faire autrement. Mais, ne l'oublions pas, l'époque est différente, les Iraniens par expérience ont appris.

Votre père n'a pas seulement combattu l'opposition communiste. Il a aussi étouffé politiquement les modérés. N'aurait-il pas dû favoriser l'émergence d'un courant libéral qui aurait fait contrepoids aux communistes et aux islamistes ?

Il a vraiment pris conscience de cette nécessité quand il a lancé, en 1978, son programme d'« ouverture de l'espace politique », mais il était trop tard. Il est vrai que s'il avait mené à bien les réformes libérales plus tôt, les choses auraient pu être différentes. Mon père ne faisait pas totalement confiance aux politiciens. Il avait fini par croire que lui seul avait une vision globale de l'intérêt national. C'est ainsi qu'il a concentré de plus en plus de pouvoirs. Quand on dit qu'il n'écoutait personne, ce n'est pas vrai. Il discutait avec ses conseillers, ses ministres, ses Premiers ministres. Il leur déléguait des pouvoirs mais en même temps beaucoup ne se considéraient pas comme responsables devant le peuple mais plutôt devant le roi. Ce n'était pas sain.

Ces conseillers, ces ministres étaient-ils capables de lui dire en face des vérités qui auraient pu lui déplaire ?

À l'époque, je n'avais pas l'âge de les fréquenter ni de savoir ce qui se passait dans le bureau de mon père. Mais, par la suite, j'ai connu beaucoup d'anciens ministres et d'autres responsables. Certains l'ont décrit comme un homme ouvert aux conseils, pragmatique, qui parfois les provoquait pour les amener à formuler des critiques. D'autres témoignages de fonctionnaires de la Savak m'ont rapporté au contraire la difficulté d'accéder à lui, les cercles de certains hauts officiels qui filtraient tout rapport, toute information, par exemple sur un excès d'autorité. Il s'est retrouvé très isolé. On ne lui disait pas tout sur la torture par exemple. Mais les critiques se sont concentrées sur lui. On lui a imputé toutes les fautes. C'est un peu injuste. Mais c'est compréhensif à partir du moment où il concentrait tous les pouvoirs entre ses mains.

Pensez-vous qu'il ignorait les agissements de la Savak ?

Je n'ai pas dit cela. Le monde entier a condamné mon père, c'est un peu facile. Or la création de la Savak lui a été réclamée avec insistance par les Occidentaux, les Américains en particulier. Ils étaient obsédés par la menace soviétique, bien réelle, aux portes de l'Iran, et voulaient que mon père fasse le gendarme dans toute la région et d'abord contre les communistes dans son propre pays.

Au début, les missions de la Savak étaient légitimes : renseigner, réprimer les terroristes, les assassins, les responsables d'attentats meurtriers. Le problème, c'est qu'ensuite la Savak est allée bien au-delà de ses missions. Elle a traité en terroriste n'importe quel opposant. Elle s'est livrée à des actes stupides qui ont aggravé le climat et nui profondément à la réputation du régime. Un exemple : l'interdiction d'un livre pour enfants, tout à fait banal, qui s'intitulait *Le Petit Poisson noir*. Je l'ai lu, j'avais huit ou neuf ans et cela ne m'a pas transformé en révolutionnaire ! Ce livre faisait quelques allusions aux injustices sociales et il a été jugé subversif par un bureaucrate obtus de la Savak !

Toutefois, une fois que mon père a été mis au courant, il est intervenu afin d'autoriser la publication.

Ce n'était hélas guère plus intelligent de censurer Marx et Lénine. Il aurait fallu combattre le communisme sur le terrain des idées, en expliquant les failles de la pensée marxiste. Comme ces auteurs étaient interdits, beaucoup d'étudiants iraniens se sont mis à rêver de l'empire soviétique comme de la terre promise ! Ceux qui sont allés là-bas ont été très déçus. Leurs vies ont été brisées car ils n'eurent pas le droit de retourner en Iran. Beaucoup de drames auraient été évités si on avait laissé ceux qui le voulaient étudier le marxisme librement.

Et puis il y a eu la torture, elle a été prouvée, on ne peut pas la nier. Cela me révulse, je ne peux pas l'accepter, je ne peux pas la justifier. C'est très douloureux pour moi, parce que mon père au bout du compte en porte la responsabilité. C'est mon père ! Mais je condamne la torture par principe. Je ne peux trouver aucune excuse à ces pratiques.

Comment expliquez-vous que votre père ait pu laisser commettre ces actes de torture ?

S'il était vivant, ce serait une bonne question à lui poser. Je ne sais pas ce qu'il vous répondrait. Je ne peux pas répondre à sa place. Vous savez, quand mon père est mort je n'avais pas vingt ans. Depuis mon adolescence, nous avions été souvent séparés. Il y a tant de questions que j'aurais voulu lui poser. Mais j'étais trop jeune. Et ces questions resteront éternellement sans réponse…

Vous pensez qu'il ne savait pas tout ?

Mon père ne pouvait pas connaître tous les détails. Mais vous avez raison : s'il le savait, pourquoi n'a-t-il pas agi ? Il y a eu des condamnations pour certains excès mais ce n'était pas suffisant.

Il considérait la torture comme un mal nécessaire peut-être ?

Il était confronté à des groupes terroristes pratiquant l'assassinat et commettant des rapts, des hold-up. Les Moudjahidin et les Fedayin du peuple n'étaient pas des gentils militants de gauche qui réclamaient la liberté d'expression. Ces organisations avaient chacune une branche armée ayant suivi un entraînement militaire à l'étranger, qui assassinait et posait des bombes. Face à de telles violences, un gouvernement doit réagir.

Si aujourd'hui un mouvement extrémiste commet des attentats et des assassinats politiques, pensez-vous que votre gouvernement laissera faire ? Sensiblement à la même époque, en France et en Allemagne, vous étiez confrontés à Action directe et à la Fraction Armée rouge. Mais les terroristes en Iran étaient bien pires ! L'existence de la Savak était donc justifiée.

Quand je parle à d'anciens prisonniers de la Savak, beaucoup me disent qu'ils ont été traités courtoisement. Ils me décrivent la plupart des agents de la Savak comme des fonctionnaires corrects. Les dérapages se produisaient souvent lorsque quelqu'un était pris en flagrant délit. Dans cette situation, certains agents se croyaient tout permis. Malheureusement, il n'y avait aucun contre-pouvoir pour les contrôler. Qu'en savait mon père ? Hélas, je ne peux pas répondre. C'est mon grand regret.

Quel est votre patrimoine personnel ? Êtes-vous transparent à ce sujet ?

Le jour où ce sera indispensable, je ferai preuve d'une absolue transparence. Mais tant que je n'occupe aucune position officielle, ma situation personnelle ne regarde personne. Elle est de toute façon très éloignée de ce que les gens pensent. J'ai à peine les moyens de maintenir le niveau de vie de ma famille qui, comme vous pouvez le voir, est très éloigné de ce que certains imaginent. Je n'y arrive que grâce au soutien de ma mère. Depuis vingt-huit ans, je me suis totalement consacré à la politique, j'y ai mis toute mon énergie et une grande partie de mes économies personnelles, sans me soucier des risques. La réalité n'a rien à voir avec certaines rumeurs qui m'attribuent une fortune colossale.

Quels sont vos revenus ? Possédez-vous un patrimoine immobilier ?

Je ne tire aucun revenu de mon patrimoine immobilier. Je suis propriétaire de ma maison. Comme vous le voyez, elle est confortable mais pas luxueuse. J'ai un peu d'argent en banque, qui produit quelques intérêts. Mais sans l'aide de patriotes iraniens, je ne pourrais pas faire face à toutes les dépenses qu'entraîne mon action politique et donc me consacrer totalement à l'Iran.

Si personnellement vous êtes sans fortune, vous bénéficiez quand même des fonds que votre famille a sortis d'Iran.

Tous nos avoirs sont restés en Iran. Si vous cherchez une documentation indiscutable, reportez-vous aux pièces du procès qui m'a opposé à un cousin que j'avais chargé de gérer l'héritage de mon père. Tous les chiffres sont dans le dossier, consultez-le, il est public. Ainsi, vous pourrez vérifier par vous-même que la situation financière de ma famille est très loin de ce que certains ont tenté de faire croire. C'est une vieille histoire qui nous a causé beaucoup de tort.

Personnellement, depuis vingt-huit ans j'ai consacré une grande part de mes revenus personnels à mes activités. Mais je suis incapable de financer un mouvement politique à moi tout seul, je peux juste contribuer à quelques dépenses. Mais, comme je viens de le dire, sans l'aide et l'assistance de patriotes bénévoles, je n'aurais pas pu continuer.

Si la famille Pahlavi a été si souvent calomniée, pourquoi n'a-t-elle pas porté plainte plus souvent pour diffamation ?

Nous avons souvent porté plainte pour diffamation contre tel ou tel média. Et nous avons toujours gagné. Au début de la révolution, sur une célèbre chaîne de télévision américaine, mon père a été accusé d'avoir fait sortir du pays 53 milliards de dollars ! Vous vous rendez compte ? Le revenu total du pétrole en Iran, depuis la découverte du premier gisement jusqu'au jour de la révolution, ne dépassait pas les 130 milliards ! Mon père aurait ainsi fait disparaître plus de 40 % de plus de soixante-dix ans de revenus pétroliers ? C'est ridicule !

Cela me rappelle la plaisanterie sur le mollah qui condamne un homme à recevoir mille coups de fouet. Et l'accusé lui répond : « Ou vous ne savez pas compter, ou vous n'avez jamais reçu un seul coup de fouet. »

On peut dire ce que l'on veut, ces accusations sont blessantes. Ce n'est rien d'autre que de la calomnie. Malheureusement, nous n'en sommes pas les seules victimes. Il y a bien plus grave ! En Iran, des jeunes de quinze-seize ans sont exécutés après avoir été accusés de trafic de drogue alors qu'ils sont en réalité des prisonniers politiques. Ce régime a mis tout un peuple en accusation.

Dans l'action de votre père, quelle est la dimension la plus positive, celle dont vous êtes le plus fier ?

D'une part, son action en faveur des femmes iraniennes. Une des grandes réformes de la révolution blanche en 1963 fut l'instauration de l'égalité entre les femmes et les hommes, en matière pénale, de droit au divorce, d'éducation des enfants, de droit de vote et d'éligibilité. Grâce à mon père, l'Iran s'est retrouvé extrêmement en avance sur tous les pays musulmans. Les femmes ont été valorisées. Elles sont entrées dans la vie active, dans les services publics, dans l'enseignement, dans l'armée, etc. Une femme comme Shirin Ebadi, prix Nobel de la paix en 2003, a pu devenir magistrate grâce à ces réformes. Ma mère a joué un grand rôle dans cette évolution. Avec le recul, beaucoup reconnaissent ce qui a été fait pour les femmes à l'époque.

D'autre part, je suis particulièrement fier de la politique étrangère équilibrée de mon père. Durant son règne, il a transformé un Iran qui comptait peu en un Iran puissant et autonome parmi les nations. Un Iran sur lequel comptaient le monde libre et le Moyen-Orient. N'oublions pas que durant les dernières années de son règne, toute la région du golfe Persique bénéficiait d'une sécurité totale sans qu'aucune armada étrangère soit contrainte de s'y déployer. Aucun mouvement islamiste terroriste n'avait pu prendre pied dans la région. Tout cela grâce à la politique d'équilibre et de stabilité de mon père.

Enfin, n'oublions pas les bienfaits d'une réelle sécurité à l'intérieur du pays. Lorsque mon grand-père est arrivé au pouvoir, l'insécurité régnait partout en Iran. Le pays était aux mains des brigands. À la fin des années 70, une femme seule pouvait circuler en toute sécurité au milieu de la nuit.

Mise à part la liberté politique, les Iraniens avaient obtenu toutes les libertés individuelles et sociales. Hélas, avec la révolution, non seulement nous n'avons pas gagné la liberté politique, mais nous avons perdu la plupart des autres libertés que les générations précédentes avaient pu acquérir.

Vous arrive-t-il de vous adresser intérieurement à votre père, de lui demander conseil avant de prendre une décision ?

Franchement, non. L'époque et les circonstances sont tellement différentes. Le monde a tellement changé, regardez par exemple sur l'économie, quel conseil pourrait-il me donner ?

Rien de ce qui existe maintenant n'est comparable avec ce qui existait à l'époque. Une grande partie de nos actions était déterminée par le danger soviétique. Or l'URSS a disparu et si on regarde l'OTAN d'aujourd'hui, certains de ses membres actuels étaient alors membres du Pacte de Varsovie. Et puis la situation dans laquelle je vis, l'exil depuis trente ans, l'alliance avec d'anciens opposants, il ne l'a pas connue.

Aujourd'hui, vous semblez détaché par rapport à votre père. Mais dans les premières années, vous demandiez-vous comment il aurait réagi, comment il vous aurait jugé ?

Non, vraiment, parce que tout était différent. Rien de ce qui est arrivé n'avait été prévu. Tout est allé tellement vite ! Un régime révolutionnaire s'est installé en Iran en février 1979, mon père est décédé en juillet 1980 au Caire, la guerre avec l'Irak a éclaté en septembre, les Iraniens se sont exilés par millions.

Le fait que votre père soit mort si vite, est-ce que ce fut un handicap, dans le sens où cela vous a empêché de tirer ensemble le bilan du régime ? Ou au contraire cela vous a-t-il libéré ?

Cela m'a libéré car cela m'a obligé à réfléchir et à décider tout seul. Je peux aussi parler plus librement avec ceux qui ont combattu mon père. Je suis son fils, je suis l'héritier du trône. Mais je ne suis pas le continuateur de l'action de mon père.

Ce fut un long chemin mais aujourd'hui mes interlocuteurs savent qu'à travers moi ils ont affaire à un acteur politique indépendant, qui n'est pas comptable du passé. C'est ma liberté actuelle qui permet d'envisager un rassemblement de tous : ceux qui ont combattu mon père, ceux qui l'ont soutenu et enfin tous les autres, surtout cette nouvelle génération qui n'a pas connu l'ancien régime.

Mais je sais qu'il faut être vigilant, exigeant envers soi-même pour éviter que l'histoire ne se répète. Je sais que le peuple iranien, par sa mentalité, est tenté par un leader fort, un homme providentiel. Parmi ceux qui luttent pour la démocratie, beaucoup ont gardé cette mentalité. La démocratie nécessite l'apprentissage de la responsabilité à tous les niveaux de la société. Et cela concerne tout le monde.

Des intellectuels iraniens ont reconnu être devenus marxistes sans avoir lu Marx, tout simplement parce que ses livres étaient interdits. Peut-on dire la même chose à propos de l'œuvre de Khomeyni ?

Bien sûr. Si les Iraniens avaient pu lire plus tôt les livres de Khomeyni, comme son *Velâyat Faghih*, où il annonce un État théocratique, ramenant la société mille ans en arrière, tous s'en seraient moqués. Khomeyni a bénéficié d'un aveuglement de l'intelligentsia. Ainsi des intellectuels prétendaient avoir vu de leurs propres yeux l'image de l'« imam » dans la lune, d'autres annonçaient que l'on avait retrouvé un poil de sa barbe au milieu du Coran… C'était des intellectuels qui disaient ça, pas des paysans illettrés mais des professeurs d'université ! Vous vous rendez compte ? Ce sont des faits réels. Leurs fautes, on ne peut pas les imputer à mon père, ce n'est pas lui qui les a obligés à délirer.

Pour en revenir à votre cheminement, que pensait le jeune homme que vous étiez en 1976-1977, juste avant ces événements ? Comment envisagiez-vous l'avenir ? Vous vous imaginiez, je suppose, succédant à votre père quelques années plus tard et marchant dans ses pas…

Mon père pensait qu'il devait amener le pays à un stade de développement suffisant pour l'instauration de la démocratie et qu'alors il me passerait la main. Selon certains témoignages, dès le milieu des années 70, il avait décidé d'abdiquer une dizaine d'années plus tard. À l'époque, j'avais quinze ans. Il était déjà malade. Personne ne le savait, excepté ma mère qui l'avait appris en 1977.

Si la révolution ne s'était pas produite et si la maladie ne l'avait pas emporté, j'aurais accédé au trône vers 1985. On m'a rapporté depuis qu'il disait souvent à son entourage : « J'ai hâte que Reza soit prêt pour que je puisse me retirer au bord de la mer Caspienne. »

À l'époque, je voyageais beaucoup à l'intérieur du pays. Je me rendais sur des bases aériennes où je m'entraînais, j'en profitais pour me promener aux alentours et rencontrer mes compatriotes. À partir de quinze ans, on a commencé à me préparer progressivement pour la succession. En tant que prince héritier, je devais accueillir des personnalités étrangères. Je devais aussi inaugurer un hôpital ou assister à un événement sportif. En dehors des voyages que j'effectuais à titre officiel ou privé, pour connaître un peu mieux mon pays, je participais à des réunions avec des militaires et des ministres qui m'expliquaient très schématiquement les affaires de l'État. Mais n'oublions pas que j'étais aussi un lycéen préoccupé par ses études comme n'importe quel autre garçon de son âge.

Votre éducation fut-elle très différente de celle qu'avait reçue votre père quarante ans auparavant ?

À l'époque de la jeunesse de mon père, dans les années 30, l'enseignement supérieur en Iran était peu développé. Certaines familles riches envoyaient leurs enfants faire des études à l'étranger. Mon père, à l'âge de douze ans, a été envoyé en Suisse.

Lorsque j'étais enfant, le système scolaire en Iran était très proche du vôtre, en France. On suivait les mêmes cours : géographie, histoire, mathématiques, sciences… Contrairement à mon père, j'ai fait mes études secondaires en Iran jusqu'à l'âge de dix-sept ans, puis je suis parti aux États-Unis suivre une formation de pilote militaire. J'aurais pu suivre en Iran des études universitaires de haut niveau s'il n'y avait pas eu la révolution… Nous possédions à l'époque un système éducatif très performant.

On présente votre père comme un homme plutôt autoritaire et votre mère comme une libérale. Est-ce aussi votre perception ?

C'est vrai que ma mère était beaucoup plus accessible. Son emploi du temps lui donnait plus de liberté qu'à mon père, tout simplement parce qu'elle n'avait pas les mêmes responsabilités. Elle s'occupait prioritairement des questions de santé et d'éducation des couches défavorisées. Elle avait aussi beaucoup plus de contacts avec la classe intellectuelle ou artistique du pays, dont certains membres étaient critiques à l'égard du régime. Elle les écoutait et se faisait parfois leur avocate auprès du shah. Elle était très sensible à la question de la liberté dans le domaine culturel. On peut dire qu'elle était plus libérale. Et puis, ma mère appartenait à une famille moderne. Je vous l'ai dit, son père avait étudié en France à Saint-Cyr. Elle a suivi les cours du lycée français de Téhéran avant de venir étudier l'architecture à Paris. Elle appartenait à la génération de celles qui ont bénéficié de la politique

d'émancipation lancée par mon grand-père et pour-
suivie par mon père.

Après la révolution blanche, les femmes iraniennes
ont eu les mêmes droits que les femmes occidentales.
Beaucoup occupaient de hautes positions dans le gouvernement ainsi que dans le secteur privé. Elles étaient
libres de se vêtir comme elles le souhaitaient. Ainsi on
pouvait croiser dans la même rue des femmes voilées
et d'autres habillées à l'européenne. Même dans les
administrations, les femmes étaient libres de leur choix.

*Est-ce lourd à porter le statut de prince héritier pour
un enfant ?*

Oui, cela exige beaucoup de sacrifices. J'étais un
enfant timide, gêné par l'attention que l'on me portait.
Mais en grandissant, j'ai compris et accepté la fonction et les sacrifices. On ne peut pas bénéficier de tous
les privilèges, sans en accepter aussi le prix.

Étiez-vous parfois malheureux d'être prince héritier ?

Non, je n'étais pas malheureux. J'étais très bien dans
ma peau, j'ai vécu une enfance globalement très
agréable. Mon école se trouvait dans l'enceinte du
palais. Ma mère avait voulu que je suive le programme
officiel, avec des professeurs qui enseignaient dans
d'autres écoles. Nous étions une vingtaine d'élèves
dans ma classe, issus de tous les milieux sociaux, on

formait une bande de camarades. Je n'ai pas été élevé à l'écart du monde, j'ai toujours eu des amis issus de milieux différents, je sortais souvent du palais et j'aimais rencontrer les Iraniens, jouer au foot avec d'autres jeunes.

Les meilleurs souvenirs de ma vie datent de l'époque où j'ai vécu en Iran. J'étais entouré d'une affection particulière de la part de mes compatriotes. Beaucoup d'Iraniens m'avaient adopté. Aujourd'hui encore, quand certains Iraniens me rencontrent, ils ont des réactions affectives, un peu comme si j'étais leur propre fils. Et d'autres, à l'intérieur du pays, m'appellent encore *Vali'ahd*, qui signifie « prince héritier ». Dans leur tête, avec moi, ils se projetaient dans l'avenir. Dès le début, c'est comme s'ils avaient ouvert un compte séparé, comme si leur relation avec moi différait de celle qu'ils pouvaient entretenir avec le reste de la famille royale.

Cela remonte à votre naissance ?
C'est vrai, ma naissance a été largement fêtée par le peuple. Ce fut un grand moment de liesse populaire. Elle avait été attendue pendant très longtemps. C'est cela, peut-être, qui a contribué à ce lien affectif particulier. Quand j'assistais à une rencontre importante de football, par exemple lorsque notre équipe nationale jouait un match de qualification pour la Coupe du

monde, dès que j'entrais dans le stade, des dizaines de milliers de spectateurs criaient et chantaient : « *Vali'ahd*, nous t'aimons. » C'était très sincère, très spontané. Quand vous entendez ces cris, quand vous ressentez cette affection, vous êtes très ému. J'étais conscient d'être quelqu'un d'important dans leur vie et qui devrait un jour par mes responsabilités, par mon travail, leur rendre ce qu'ils me donnaient. Ce sont des choses que l'on n'oublie jamais.

Petit garçon, adulé par les foules… n'étiez-vous pas grisé par ces effusions ?

C'est vrai, cela peut monter à la tête. Pour un gamin de six ou sept ans, être acclamé partout où il passe est assez bizarre. À cet âge, il est normal d'être timide. J'étais souvent gêné lorsque je devais remplir une fonction officielle. Le déclic a eu lieu le jour du couronnement de mon père. C'était en 1967, j'avais sept ans. À la fin de la cérémonie, notre procession a emprunté les principales artères du sud de Téhéran. Ce jour-là, la foule amassée sur les trottoirs m'acclamait avec beaucoup d'amour et de fierté. Rien dans ma vie politique ne m'a plus touché que ce moment historique. C'est vraiment à cet instant que j'ai pris conscience de l'importance de mon rôle. À partir de là j'ai commencé à comprendre les réactions des gens.

À ce propos, j'ai deux anecdotes marquantes à vous raconter. Pendant les vacances d'été au bord de la mer Caspienne, avec ma sœur Farahnaz et mon petit frère Ali Reza, qui sont de trois et six ans mes cadets, nous étions partis en randonnée à bord d'une jeep militaire, à travers des petits sentiers de montagne. Nous étions escortés par un véhicule de sécurité, une Chrysler, je crois. Certains villageois avaient appris que le prince héritier, j'avais environ douze ans, passait par là. Ils s'étaient massés le long de la route pour venir m'acclamer. Je me rappelle que mon aide de camp m'a dit : « Ce serait bien que vous leur fassiez un signe de la main. » Je m'exécute. Je suis dans la jeep, assis, avec mon tee-shirt et mon short. Les gens me voient passer. Mais personne ne me regarde. Quelques secondes plus tard, une clameur retentit, les villageois se jettent… sur la voiture de sécurité. Aucun d'eux n'avait pu imaginer la présence du prince héritier ailleurs que dans la belle voiture !

Une autre fois, j'étais en déplacement dans la province du Khorassan, au nord-est du pays, plus précisément près de la ville de Birjand, un endroit plutôt désertique, assez sec, parsemé de petites oasis. On arrive dans l'une d'elles : il y a un village, avec des mûriers, un puits, quelques cabanes en terre ou en pierre mélangées. Personne ne nous reconnaît. Pour les villageois, nous sommes des étrangers. Les femmes se couvrent, rentrent dans leur maison. Je m'approche d'un vieillard non voyant et de sa femme ; il est assis, adossé à un arbre, et sa femme est en train de travailler la laine sur un métier à tisser. Je commence à discuter avec le vieil homme et un de ses fils assis à côté de lui. Un des officiers qui m'accompagnent lui demande en me désignant : « Au fait, vous savez de qui il s'agit ? – Non. – C'est le prince héritier. » Tout à coup, le vieil homme me prend dans ses bras en sanglotant, sa petite fille va chercher du thé, toute la famille m'entoure. Je perçois une réelle joie et une sincère émotion sur leur visage. On prend le temps de boire le thé et de discuter de leur situation. J'ai toujours aimé ces contacts directs avec mes compatriotes loin des caméras et des micros. C'est ainsi que l'on apprend le plus sur les conditions et les besoins des gens.

Aviez-vous le sentiment d'être différent ? D'être supérieur aux autres ?

Différent, oui. Supérieur, jamais. Je ne regardais pas les autres comme étant plus bas que moi. Mais eux me regardaient comme étant en haut. Dans votre vision occidentale, tout ce qui est inégalitaire est péjoratif. Dans une culture orientale, très patriarcale et assez misogyne à cause de l'influence religieuse, il était normal que le fils du shah soit considéré comme au-dessus du commun des mortels.

Ce qui m'a toujours touché et m'a fait comprendre que j'ai une lourde responsabilité, c'est l'affection et l'attente que je percevais et que je perçois dans leurs comportements à mon égard.

3
La révolution islamique

Comment ce lien très fort dont vous nous parlez entre le peuple iranien et votre famille s'est-il brisé en quelques mois ? Que s'est-il passé ?

Vous partez de l'idée que la monarchie a été massivement rejetée par le peuple. Ce n'est pas exact. Reprenons les faits.

Pendant les cinq années qui ont précédé la révolution, l'Iran a connu une forte croissance de son PIB, de plus de 10 % par an. Cela a entraîné un exode rural massif vers les grandes villes, qui n'ont naturellement pas eu le temps de mettre en place les infrastructures nécessaires. Ces dysfonctionnements structurels ont engendré un mécontentement sur lequel les islamistes ont surfé. Les intellectuels et une partie de la classe moyenne des grandes villes ont été dupés et ont participé au mouvement sans se douter de ses conséquences. Mais les populations rurales, majoritaires, sont restées à l'écart de la révolution.

Je me souviens d'avoir vu à la télévision italienne un reportage au début de la guerre Iran-Irak. Le reporter était entré dans la maison d'un villageois. Sur un mur il voit la photo de mon père, et sur l'autre celle de Khomeyni. Le journaliste italien, abasourdi, demande au villageois : « Pourquoi affichez-vous la photo du shah ? » L'homme répond : « C'est notre roi. » « Et pourquoi celle de Khomeyni ? – C'est notre guide. » Si vous interrogez aujourd'hui l'homme de la rue en Iran, il vous répondra : « On n'y était pour rien. On n'a rien vu venir. Un jour, on s'est aperçu que le régime avait changé. » On ne peut pas dire que la majorité des Iraniens a sciemment choisi la république islamique.

Si cette révolution n'était pas majoritaire, alors pourquoi votre père a-t-il abandonné le pouvoir ?

Son état physique a joué un rôle. Il se savait malade depuis plusieurs années. Il ne voulait pas s'accrocher au pouvoir. Beaucoup de gens ont critiqué son manque d'énergie, sa difficulté à trancher pendant la période prérévolutionnaire. Mais c'était un mourant ! De plus, n'oubliez pas que mon père était opposé à toute effusion de sang.

Mais alors au moment de quitter le pays, le 16 janvier 1979, pourquoi n'a-t-il pas abdiqué en votre faveur ? Cette éventualité a-t-elle été envisagée ?

Cela ne pouvait pas se faire. Je n'avais pas encore atteint la majorité. Il y avait un conseil de régence. Et l'intention de mon père était de prendre du champ quelque temps pour laisser se calmer les esprits. C'est pour cela qu'il a nommé Chapour Bakhtiar Premier ministre. C'était un des trois dirigeants du Front national. Mon père pensait qu'il prendrait les mesures de libéralisation attendues par une partie des manifestants tout en le sachant attaché à la monarchie. Au moment de sa nomination, certains membres du Front national voulaient que mon père reste dans le pays. Mais Bakhtiar a demandé que mon père parte « en vacances prolongées ». Il posait cette condition pour accepter le poste de Premier ministre.

En fait, le gouvernement n'a pas survécu à ce départ. C'était trop tard. Bakhtiar ne disposait plus d'aucun outil pour contrôler la situation. D'une part, pour calmer les esprits, il avait dissous la Savak. D'autre part, le général Huyser, envoyé par le gouvernement américain, était en train d'influencer les militaires pour obtenir leur neutralité, c'est-à-dire qu'ils renoncent à défendre le régime. Quant aux ambassadeurs britannique et américain, qui étaient en contact avec l'entourage de Khomeyni, ils intriguaient auprès de membres du gouvernement afin de permettre son retour. Tout s'effondrait, de toutes parts… Qu'aurait dû faire mon père avant que les choses dégénèrent ? Employer la force, ce qui aurait abouti à un bain de sang ?

Sur ce point la note de Michel Poniatowski, alors ministre français de l'Intérieur, à Valéry Giscard d'Estaing, publiée par l'ancien président dans ses Mémoires *Le Pouvoir et la Vie*, est très parlante. Le ministre y rend compte de ses entretiens avec mon père, le 29 décembre 1978. Le shah lui aurait dit : « La solution de force : certains me la recommandent, tous ceux-là ne sont pas Iraniens, mais sont-ils responsables ? Mesurent-ils bien la conséquence de leurs conseils ? En fait, la solution de force passe par l'exécution de bon nombre de gens, par trente mille arrestations, par un bain de sang et un risque réel de guerre civile… la solution de force, c'est l'aventure absolue et, après avoir tant fait pour ce pays, ai-je le droit de lui faire courir un tel risque et lui faire porter de tels coups… »

Mon père s'est comporté en patriote responsable. Il a préféré quitter le pays. C'est dramatique mais beaucoup lui reprochent encore de s'être montré faible. Combien de fois l'ai-je entendu de la bouche d'anciens révolutionnaires, des personnes qui voulaient l'assassiner, ou avaient planifié mon enlèvement, et qui à l'époque étaient prêts à tout pour le chasser !

Un des plus hauts dirigeants des Fedayin du peuple m'a dit récemment : « À mon avis, votre père a commis deux erreurs fondamentales : la première c'est l'instauration du parti unique et la deuxième c'est d'avoir laissé en liberté trop d'opposants, moi y compris, il n'a pas été répressif quand il le fallait. » Il n'est pas le seul à dire cela parmi ceux qui à l'époque criaient : « Mort au shah ! » Mais c'est quand même bizarre. Cela me rappelle l'expression américaine : « *Damned if you do, damned if you don't.* » Quelle qu'eût été sa décision de l'époque, elle lui aurait été reprochée. Je veux bien admettre que mon père a été responsable de cette crise politique. Mais lui imputer en plus la chute du régime, c'est exagéré ! Comment peut-on reprocher à un chef d'État d'avoir refusé de faire tirer sur une partie de son peuple ?

Vous lui donnez donc raison ?

Il y a encore d'interminables débats pour savoir ce que mon père aurait dû décider à tel ou tel moment. Je ne peux pas argumenter sur chaque point puisque à l'époque, me trouvant aux États-Unis, je n'avais pas à ma disposition tous les éléments pour juger de ce qu'il fallait faire.

Pour revenir à mon père, je lui donne suffisamment tort sur d'autres points… Je voudrais quand même que l'on porte à son actif le fait qu'il a évité un bain de sang. Je n'ai jamais cru à la violence. De ce point de vue, j'ai approuvé et j'approuve toujours le refus par mon père du recours à la force.

À l'époque, quelle connaissance aviez-vous des événements ?

J'ai quitté le pays en juin 1978, le lendemain de l'obtention de mon diplôme d'études secondaires. Je suis parti pour les États-Unis, après avoir passé une dizaine de jours en Angleterre où j'avais été invité par la reine Elizabeth. Je n'avais vu, de mes yeux, aucune manifestation. Mon frère et ma sœur m'ont raconté deux ou trois mois plus tard les cris de « Mort au shah ! » qu'ils entendaient le soir derrière les murs du palais. Personnellement, je n'ai rien connu de tout ça. C'est ahurissant comment en quelques mois tout a basculé.

Dans les années précédant votre départ, le shah vous parlait-il de sa succession et de votre futur règne ?

Je n'ai jamais eu ce genre de discussions avec mon père. N'oubliez pas que, durant l'essentiel de ma vie en Iran, j'étais un enfant puis un adolescent. Je me réveillais chaque matin vers 7 heures, je prenais mon petit déjeuner et je filais à l'école qui commençait à 8 heures. Mes journées étaient bien remplies.

Le matin, juste avant d'aller à l'école, j'allais vite dire bonjour à mon père, cinq ou dix minutes, pendant qu'il se rasait ou lisait les journaux. Certains soirs, avec mon frère et mes sœurs, nous dînions en compagnie de nos parents. Mais le plus souvent, ceux-ci passaient nous voir brièvement pendant que nous mangions de notre côté. Ils étaient très pris par les réceptions, les voyages… Pendant ce temps, nous regardions un peu la télévision et à 9 heures nous étions couchés. Voilà quel était le rythme pendant la période scolaire. C'est seulement durant les vacances que j'ai passé un peu de temps avec mon père. Il souhaitait alors se détendre et je ne me souviens pas de discussions politiques ou philosophiques approfondies avec lui. J'étais très jeune.

Quand j'ai eu dix-huit ans et que ces discussions auraient pu avoir lieu, nous nous sommes retrouvés en exil. C'est en janvier 1979, juste après leur départ d'Iran, que j'ai revu mes parents pour la première fois depuis mon propre départ. Je faisais alors une pause dans mon entraînement de pilote militaire aux États-Unis. On s'est retrouvé au Maroc, à Rabat. Ils y étaient arrivés après environ une semaine passée à Assouan, en Égypte. Nous sommes restés quelques jours ensemble et ensuite je suis reparti aux États-Unis afin de poursuivre mon entraînement. On était donc fin janvier 1979. Bakhtiar était encore Premier ministre et Khomeyni n'était pas encore rentré à Téhéran. Nous pouvions espérer un retournement de situation.

Fin janvier 1979, vous espériez encore rentrer en Iran ?
Bakhtiar à Téhéran essayait de sauver le régime. Tant que Khomeyni était en France, à Neauphle-le-

Château, rien n'était irréversible. Mais le temps travaillait plutôt en faveur de Khomeyni.

Revenons aux semaines qui précèdent la chute du régime. Quand, depuis les États-Unis, vous voyez ces manifestations, ces émeutes, êtes-vous conscient de leur gravité ?

Bien entendu, même si personne n'imaginait que le régime s'effondrerait en quelques mois. Ce qui m'a le plus étonné, ce sont ces Iraniennes qui tout d'un coup avaient remis le voile et chantaient les louanges de Khomeyni. Ces mêmes femmes, quelques mois plus tard, protesteraient dans l'autre sens. Mais trop tard…

Vous avez dix-sept-dix-huit ans, à l'époque, le même âge que beaucoup de manifestants. Vous sont-ils totalement étrangers ? Ou ressentez-vous une certaine compréhension ?

Ce n'était pas une question de génération. Au début, je trouvais normales les manifestations de la jeunesse pour la liberté d'expression. Mais je n'ai pas compris quand l'attitude des manifestants est devenue irrationnelle : le refus par les manifestants de tout compromis, leur intransigeance, leur haine, leur violence. Mais ils n'en étaient plus là. Une espèce d'hystérie révolutionnaire s'est emparée d'une partie des Iraniens, elle les rendait sourds et aveugles. Ce n'est pas spécifique à l'Iran. Pensez à Robespierre et à la Terreur sous la Révolution française. Pensez aux bolcheviks.

Votre père a reproché aux dirigeants occidentaux, et principalement au président américain Jimmy Carter, d'avoir abandonné la monarchie iranienne. Mais la monarchie ne s'est-elle pas abandonnée elle-même ? Pouvait-on continuer à soutenir le shah alors qu'il semblait de plus en plus isolé ?

Mon père avait proposé le dialogue à l'opposition. C'était peut-être trop tard, car la crise se trouvait à un stade avancé. Il n'empêche que l'opposition a refusé le dialogue. À l'époque, elle pensait que le problème, c'était le shah. Pour le régler, elle était résolue à se débarrasser de l'institution… Mon père recevait beaucoup d'encouragements à la fermeté, du style : « Tenez bon, on vous soutiendra ! » Mais il n'était pas en situation de prendre rapidement les décisions les plus difficiles. C'était en partie à cause des médicaments qu'il prenait depuis plusieurs années. Je ne suis ni médecin ni psychologue, mais il est sûr que son état de santé s'ajoutait à tous les problèmes. La situation changeait d'heure en heure. Le matin, on arrêtait quelqu'un, le soir on le libérait. Un jour on prenait une décision, le lendemain on l'annulait. C'était un véritable tourbillon.

Durant toute cette période, il y avait aussi beaucoup d'hésitations et d'ambiguïtés parmi les puissances occidentales. Tout a basculé définitivement au sommet de la Guadeloupe, qui a réuni les États-Unis, le Royaume-Uni, la France et la République fédérale d'Allemagne du 5 au 7 janvier 1979. Le président Carter, soutenu par le Premier ministre britannique Callaghan, a forcé la main du président Giscard d'Estaing et du chancelier allemand Helmut Schmidt. La grande thèse de l'administration Carter, bien au-delà de la question des droits de l'homme en Iran, c'était le soutien à la création d'une « ceinture verte islamique », qui aurait fait barrage aux Soviétiques dans la région.

Vous pensez que Carter est plus responsable que les autres chefs d'État occidentaux ?

Absolument. Le président Carter porte une responsabilité considérable dans cette affaire. Il a glissé très rapidement d'un refus – « On ne peut plus soutenir le shah à cause des atteintes aux droits de l'homme » – à un soutien à Khomeyni – « C'est quelqu'un de religieux avec lequel je pourrais m'entendre ». Après avoir œuvré contre mon père, il a laissé se former un pouvoir totalitaire, criminel et barbare. Évidemment, il ne le savait pas. Et une fois que les États-Unis ont fait le mauvais choix, les autres pays ont suivi.

À peine arrivés au pouvoir, les islamistes se sont retournés contre les États-Unis, la France, respectivement qualifiés de « Grand Satan » et « Petit Satan », et les Occidentaux en général. Quelques mois plus tard, ils ont pris en otages les membres du personnel de l'ambassade américaine à Téhéran. Cette prise d'otages, unique dans l'histoire des relations internationales, a duré quatre cent quarante-quatre jours ! Depuis, les Américains et l'Iran n'entretiennent plus de relations diplomatiques. Et les États-Unis comme la France ont été la cible de sanglants attentats perpétrés par des terroristes aux ordres de Téhéran. Cela ne doit pas faire oublier la responsabilité des puissances occidentales dans l'avènement de Khomeyni. Le président Carter a fait preuve d'une immense naïveté. Il ne savait rien de Khomeyni. Il lui aurait suffi pourtant de se renseigner. Tout était dans son livre *Velâyat Faghih* (« Le pouvoir absolu du religieux »). Il suffisait de le lire pour connaître la suite.

Ce fameux livre de Khomeyni était-il connu en Iran ?

En Iran, peu de personnes l'avaient lu. D'anciens opposants à mon père l'ont regretté plus tard devant moi : « Ah, si nous l'avions lu ! » Mais leur plus grosse erreur fut d'avoir sous-estimé Khomeyni. Ils ont cru qu'il allait sagement se retirer loin de la politique, dans la ville sainte de Qom, délivrant de temps à autre quelques sages paroles, comme il l'avait prétendu. Ils croyaient manipuler le vieil homme pour prendre le pouvoir.

C'est le contraire qui s'est produit. Khomeyni, plus malin qu'eux, s'est servi de la gauche qui était nombreuse et bien organisée. Et une fois au pouvoir, il a commencé immédiatement à écarter ou à éliminer ses alliés. Depuis le chef des Moudjahidin du peuple, Massoud Radjavi, jusqu'au premier président de la République islamique, M. Bani Sadr, ou Ghotbzadeh, son ministre des Affaires étrangères qu'il a fait fusiller, en passant par tous les chefs de groupes marxistes, et même certains membres du Front national. La répression a été générale.

Quel regard portez-vous sur la corruption qui régnait dans les milieux du pouvoir du temps de votre père ? Qu'en saviez-vous, à l'époque ?

Personnellement, à quinze ou seize ans, je n'étais évidemment pas informé de ces questions. Des cas de corruption ont existé, c'est vrai, mais à une échelle réduite. Certaines personnalités ont été traduites en justice. La corruption était largement moindre que ce qui a été rapporté par les médias. Aujourd'hui, c'est un fait admis, même par les opposants de l'époque. En tout cas, elle n'était pas une politique d'État comme dans certains pays où on ne peut pas obtenir le moindre marché sans verser de pots-de-vin. C'est malheureusement largement le cas aujourd'hui en Iran. Avant la révolution, certains ont profité de leur position, en ont abusé, se sont enrichis. Mais ils l'ont fait à l'insu de mon père.

Vous savez bien que le régime islamique, juste après la révolution, n'a pas ménagé ses efforts afin de matérialiser les accusations portées contre ma famille et surtout contre mon père. Mais jusqu'à aujourd'hui, ils n'ont pas trouvé le moindre embryon de preuve d'un quelconque détournement de fonds. On a accusé mon père du vol de sommes considérables. C'est tout à fait faux. Tous les avoirs que mon père possédait, tous les terrains qu'il avait hérités de son père, tout cela pour l'essentiel avait été distribué volontairement aux paysans dans le cadre de la réforme agraire, lors de la révolution blanche des années 60.

La République islamique, je vous le répète, malgré tous ses efforts et les moyens dont elle dispose depuis trente ans, a été incapable de trouver la moindre preuve concernant toutes ces accusations de détournement de fonds et d'enrichissement personnel.

Quand il a quitté l'Iran, le 16 janvier 1979, votre père nourrissait-il encore l'espoir d'un retournement de situation ?

Mon père avait donné instruction aux militaires d'obéir au Premier ministre Chapour Bakhtiar. En tout cas, l'ambassadeur américain Sullivan tout comme son compatriote le général Huyser, envoyé à Téhéran juste avant le départ de mon père, ont incité l'armée iranienne à déclarer sa neutralité. Les Américains, les Britanniques n'ont rien fait pour aider le gouvernement Bakhtiar. Ils ont au contraire facilité l'arrivée au pouvoir de Khomeyni.

La France, quant à elle, avait accueilli Khomeyni à Neauphle-le-Château d'où il a poursuivi pendant plusieurs mois ses activités subversives. Un des responsables français a affirmé en substance : « Le shah ne nous a jamais demandé de minimiser les actions de Khomeyni quand il était sur le territoire français. » Mon père se comportait en homme d'État respectable. Plusieurs fois, Saddam Hussein lui avait proposé de faire assassiner Khomeyni, alors réfugié en Irak. Il avait refusé.

Vous dites que les Occidentaux ont favorisé la prise de pouvoir par Khomeyni. Ne serait-il pas plus juste de dire qu'ils ont fait preuve de réalisme après le départ de votre père ? Si lui-même avait renoncé à combattre, pouvaient-ils être, si j'ose dire, « plus royalistes que le roi » ?

Non, n'oubliez pas la formidable campagne médiatique dont a bénéficié Khomeyni en Occident pendant qu'il était en France. Il était présenté comme un héros, un saint ! De plus, après le départ de mon père, il y avait encore l'option Bakhtiar. Francophile et francophone, il était très proche des Français, politiquement, culturellement. Pourquoi la France ne l'a-t-elle pas soutenu ?

Elle n'était pas obligée d'aider Khomeyni à retourner en Iran, d'affréter un avion pour lui, de le faire escorter jusqu'à l'aéroport comme un chef d'État. Je pense que le président Giscard d'Estaing s'était résigné, il avait subi un véritable forcing de la part du président Carter. Je l'ai croisé au cours d'une émission de télévision sur TF1, fin 1988, après la parution du premier volume de ses Mémoires. Nous avons eu un échange très correct. Je lui ai dit alors en substance : « Vous êtes le seul à déclarer que vous regrettez les décisions prises à l'époque. »

Quand avez-vous réalisé que Khomeyni était au pouvoir pour longtemps ?

Après avoir fini mon stage de pilote aux États-Unis, je me suis rendu à Marrakech en mars 1979. Cette fois, tout était fini. Le 1ᵉʳ février, Khomeyni était rentré à Téhéran. Et quelques jours plus tard, le Premier ministre Bakhtiar, renversé, s'enfuyait à son tour en France. Dès lors que la République islamique était proclamée, nous devenions des parias. Quelques jours après mon arrivée au Maroc, mon père a dû repartir. Extrêmement attristé, feu Sa Majesté Hassan II, pour qui j'ai beaucoup d'admiration et d'estime, lui a expliqué que sa présence nuirait au sommet islamique qui devait se tenir dans son pays. Indésirables partout, menacés de mort, nous allons dès lors errer de refuge en refuge. Je me souviens des Bahamas. Là, à la télévision, j'ai appris la sinistre nouvelle de l'exécution infâme d'Amir Abbas Hoveyda, ancien Premier ministre de mon père. Khomeyni venait de prendre le pouvoir depuis à peine quelques semaines et déjà on voyait dans les journaux l'atroce défilé des photos de ministres, de généraux exécutés par la République islamique. Les Iraniens fuyaient par milliers.

Mais, pour répondre précisément à votre question, c'est après le déclenchement de la guerre par Saddam Hussein, en septembre 1980, que le régime s'est réellement renforcé.

Et durant la dernière année de sa vie, avez-vous pu recueillir des confidences de votre père ?

Nous n'avons pas eu beaucoup l'occasion de discuter. Sa dernière année a été un calvaire. Il était ballotté entre les Bahamas, le Mexique, Panama, New York, l'Égypte… Son état de santé se dégradait, il était de plus en plus faible. Il a trouvé la force d'écrire ses Mémoires. Mais l'essentiel de son énergie était absorbé par la situation en Iran et les entretiens qu'il avait avec différentes personnalités… Il était très triste de voir l'état dans lequel se trouvait l'Iran, le travail de toute sa vie était piétiné. Parfois, je remercie Dieu d'avoir laissé mon père mourir juste avant l'attaque de notre pays par les Irakiens, en septembre 1980. Heureusement, il n'a pas vu cette nouvelle catastrophe.

4

La guerre avec l'Irak

Pensez-vous que Saddam Hussein a attendu la mort du shah pour agresser l'Iran, pensant que votre père, même malade et à l'autre bout du monde, aurait pu, éventuellement encore, motiver l'armée ?

Certains le pensent. Mais n'oubliez pas que dès les premiers jours Khomeyni avait créé une armée parallèle, les Gardiens de la révolution, qui avait pour objectif de contourner l'armée régulière, en tout cas d'éliminer les éléments restés loyaux à mon père. Cela signifie que mon père, vivant, n'aurait pas eu beaucoup de prise sur l'armée régulière qui avait été décapitée. Le lendemain de l'attaque de Saddam Hussein, j'ai envoyé, depuis Le Caire, un télégramme à l'état-major de l'aviation me disant prêt à revenir en Iran pour combattre l'envahisseur, comme pilote de chasse. Je n'ai bien sûr obtenu aucune réponse. Dans leur paranoïa, les dirigeants du régime ont dû croire à une manœuvre de l'étranger pour me faire revenir afin de fomenter un coup d'État.

Khomeyni ne vous a pas répondu directement mais il a fait allusion à votre proposition dans un de ses discours...

Oui. Lors d'une cérémonie, il a dit en substance : « Je conseille au jeune Reza de s'occuper de ses études. »

Aviez-vous beaucoup de contacts pendant la guerre avec les combattants iraniens ?

À l'époque, c'était difficile. Plus tard j'en ai eu beaucoup, y compris avec des commandants des Gardiens de la révolution. L'un d'eux était assez haut placé dans leur hiérarchie. Il m'a raconté une histoire tragique. C'était pendant la guerre avec l'Irak. Il commandait des troupes sur le front. En une journée seulement, il a perdu cinquante mille hommes. Oui, cinquante mille hommes ! Vous vous rendez compte, c'est presque l'ensemble des pertes américaines au Vietnam. Des jeunes garçons qui se sont fait massacrer. Et pour quelle raison ? Uniquement parce qu'ils avaient reçu un ordre aberrant. C'est vraiment une trahison ! Ils ont été odieusement manipulés par ce régime qu'ils avaient contribué à installer.

Expliquez-nous.

À cette époque, l'armée iranienne avait récupéré une partie du territoire occupé par les Irakiens au

Khouzistan. Normalement, le chef des Gardiens de la révolution dont je vous parle devait, avec ses troupes, aller renforcer la défense du territoire reconquis. Or, au dernier moment, on les envoya sur un autre front, tout au sud, sous le prétexte fallacieux que l'armée iranienne y était attaquée. La réalité était tout autre : le régime iranien tentait une percée, complètement suicidaire, en direction de la ville irakienne de Karbala avec l'objectif de traverser l'Irak pour atteindre… Jérusalem ! Khomeyni savait que les pertes humaines seraient extrêmement lourdes. Mais il s'en fichait. Depuis sa naissance, le régime s'était donné pour but de « libérer » Al Qods.

Les militaires de l'ex-armée impériale se battaient principalement pour la défense du territoire. Ils n'avaient pas de visées expansionnistes. Khomeyni, lui, voulait la guerre à outrance. Son coût était pour lui politiquement moindre que celui de la paix. Elle engageait les jeunes loin de Téhéran et des problèmes politiques et sociaux du pays. On peut dire que la guerre a sauvé le régime.

Vous considérez toujours que la responsabilité de l'agression revient à Saddam Hussein ou pensez-vous qu'elle est partagée ?

L'Irak a attaqué l'Iran, c'est un fait historique. Mais cette guerre ne se serait jamais produite si mon père était resté au pouvoir. Ce sont les provocations verbales de Khomeyni qui ont incité Saddam Hussein à agir. Il spéculait sur le fait que Khomeyni voulait passer par l'Irak pour « libérer Jérusalem ». Mais ces provocations donnaient-elles à l'Irak le droit d'envahir l'Iran ?

N'oublions pas la raison d'être de la République islamique : exporter la révolution islamique. Pour Khomeyni, l'Iran était une rampe de lancement, comme le sera l'Afghanistan pour Ben Laden. Il se fichait complètement de l'Iran. D'ailleurs, le 1er février 1979, quand il revient à Téhéran, un journaliste lui demande ce qu'il ressent après quinze années d'exil, il répond : « Rien. »

Ce régime est coupable de la mort de dizaines de milliers d'enfants de moins de quinze ans. Il les envoyait, avec leurs bannières, marcher sur les champs de mines irakiens afin de permettre le passage des chars. On leur donnait un sirop, prétendument de « martyr ». C'était en réalité une drogue qui provoquait des hallucinations. On leur faisait croire qu'ils apercevraient l'imam Hussein, brandissant son sabre sur son cheval blanc et menant l'offensive.

Une fois l'invasion irakienne repoussée, Khomeyni a sciemment et inutilement prolongé la guerre. Ainsi en 1982, il a refusé le cessez-le-feu, demandé par les Nations unies. Saddam Hussein, lui, l'avait accepté. À cause du refus de Khomeyni, la guerre a été prolongée de six ans entraînant trois cent mille morts supplémentaires rien que dans les rangs iraniens. Au total cette guerre a causé environ neuf cent mille morts, a fait au moins deux millions de blessés et entraîné le déplacement de quatre millions de personnes du côté iranien.

Malgré tout ce que vous venez de dire, vous étiez prêt à combattre dans les rangs de l'armée iranienne pour défendre votre pays agressé ?

Oui. Ne confondons pas un pays, qui est éternel, avec son régime actuel, qui est provisoire. Avant d'être opposant au régime, je suis un patriote iranien. Et c'est en patriote iranien que j'ai réagi une fois que ma terre natale a été envahie. Je n'avais rien oublié des responsabilités de Khomeyni et de ses lugubres ambitions. Mais je me suis porté volontaire pour défendre mon pays. Beaucoup d'officiers de l'armée impériale ont réagi comme moi. Certains m'ont raconté qu'à leur retour du front, des commissaires religieux voulaient leur passer des guirlandes de fleurs autour du cou. Souvent ces officiers les repoussaient en disant : « Nous ne faisons pas la guerre pour vous mais pour notre pays. » Le régime avait nommé des commissaires religieux chargés de surveiller les officiers d'un point de vue idéologique mais totalement ignorants de la chose militaire. C'était un cadeau du ciel pour Saddam Hussein !

Sous le règne de mon père, l'armée iranienne avait accompli un effort de modernisation sans précédent. Elle était forte, efficace et respectée. Nous étions, et de loin, la première puissance militaire de la région. Notre influence commençait à s'étendre jusqu'à l'océan Indien. Seul l'Iran était en mesure de garantir la sécurité du golfe Persique et de maintenir l'équilibre géostratégique de la région. C'était ce que l'Occident nous réclamait afin d'assurer son approvisionnement en pétrole.

Les opposants jugeaient le budget militaire trop élevé et prétendaient que cet argent aurait dû être affecté aux dépenses sociales. Je peux comprendre ce raisonnement. Mais nous étions confrontés à une double menace : d'une part celle des Soviétiques qui voulaient se ménager un accès aux mers chaudes de l'océan Indien et du golfe Persique et, d'autre part, celle de l'Irak doté d'armements sophistiqués par Moscou. Le traité d'Alger en 1975 a apaisé les tensions avec l'Irak à propos de la souveraineté sur le fleuve frontalier Chatt al-Arab. Ce fut un des grands succès diplomatiques du règne de mon père. Mais au fond, seul le rapport de forces militaire garantissait durablement l'Iran contre une attaque de son voisin. Selon les plans élaborés par notre état-major, les troupes iraniennes avant 1979 pouvaient atteindre Bagdad en moins de vingt-quatre heures. Sans le démantèlement de l'armée impériale et les exécutions de généraux, Saddam Hussein n'aurait jamais osé attaquer l'Iran. Il connaissait les intentions de Khomeyni. Il suffisait d'écouter les prêches à la radio, appelant à l'exportation de la révolution. Dès lors, il a décidé d'une attaque préventive contre l'Iran. Évidemment, en présentant le point de vue de Saddam Hussein, il ne s'agit pas de le dédouaner de ses responsabilités et des crimes atroces qu'il a commis.

Avez-vous regretté que le procès de Saddam Hussein en 2004-2005 n'ait absolument pas évoqué la guerre Iran-Irak ?

Absolument. On n'en parle jamais. Pourtant des soldats iraniens furent eux aussi victimes des armes chimiques de Saddam Hussein au même titre que les Kurdes irakiens. Le régime islamique est totalement indifférent à leur sort. Il les laisse mourir lentement, dans d'atroces souffrances. Je regrette que ce point n'ait pas été abordé lors du procès de Saddam Hussein. Mais ce n'était absolument pas le problème des Américains. L'Iran aurait pu lui demander des comptes, mais les États-Unis avaient déjà changé la donne. En revanche, je ne pense pas que le régime des mollahs ait pu être en position de réclamer le moindre dédommagement alors qu'il est directement responsable, lui aussi, d'innombrables massacres.

Concernant la guerre Iran-Irak, êtes-vous partisan de la mise en place d'un tribunal international afin d'établir les responsabilités des dirigeants iraniens et ira-

kiens de l'époque comme cela s'est fait pour certains grands massacres du XXe siècle ? Considérez-vous au contraire que, dans un souci de réconciliation, il faut tourner la page ?

Je suis convaincu qu'une majorité d'Iraniens et d'Irakiens n'éprouvent aucune animosité les uns envers les autres et que la responsabilité ultime de cette tragédie incombe à deux hommes : Khomeyni et Saddam Hussein. Les deux peuples ont été également victimes. Le problème qui préoccupait l'Iran était celui du Chatt el-Arab qui a été réglé par le traité d'Alger. Il n'existe donc aujourd'hui plus aucun contentieux territorial entre l'Iran et l'Irak.

En cas de procédure judiciaire, on interrogera les uns, les autres, on cherchera des responsables ici et là. Qu'on le veuille ou non, on risque de réveiller de vieilles blessures, de créer des tensions…

Les enfants que les Gardiens de la révolution envoyaient exploser sur les mines irakiennes, cela ne relève-t-il pas du crime de guerre voire du crime contre l'humanité ? Ne pensez-vous pas que sur cette question, au moins, l'opinion publique iranienne pourrait demander un procès ?

C'est difficile de savoir actuellement ce que pense l'opinion dans un pays où la liberté d'expression n'existe pas. La chute du régime sera-t-elle suivie d'une explosion de poursuites en justice ? Ce serait logique et, si c'est le cas, il faudra y répondre. Il est possible aussi que l'opinion soit principalement préoccupée par les problèmes du quotidien : santé, emploi, sécurité sociale. Personnellement, je pense que la priorité devra être donnée aux problèmes économiques et sociaux.

Beaucoup des responsables de la guerre avec l'Irak sont morts depuis longtemps. Certains de ceux qui sont encore en vie pourraient choisir l'exil. Va-t-on aller les chercher ? Est-ce indispensable ?

Un procès peut être utile à titre historique et symbolique. Est-ce une priorité ? Je n'en suis pas sûr. En tout cas, il ne faut pas que le passé empoisonne notre avenir. Une fois la maison réduite en cendres, il faudra retrousser ses manches et la reconstruire. Je ne souhaite pas que l'on passe notre temps à pleurer et à chercher éternellement les responsables de l'incendie.

5
L'opposition démocratique

Vous connaissez la formule d'Henry Kissinger : « L'Europe, quel numéro de téléphone ? » On pourrait l'appliquer aujourd'hui à l'opposition iranienne. Je vous vois ici dans votre maison. J'ai rencontré des opposants iraniens en différents endroits du monde. Mais il n'y a pas d'adresse commune et encore moins un seul numéro de téléphone.

Soyez patient, cela viendra. Je fais ce qui est nécessaire pour rassembler cette force encore éparpillée aux quatre coins de la planète. Je travaille à créer un conseil national regroupant toutes les sensibilités de l'opposition démocratique. Cette structure nous est réclamée par les réseaux qui agissent à l'intérieur et ne peuvent être coordonnés. Elle doit être pluraliste pour que toutes les tendances s'y retrouvent.

Qui sera membre de cette structure unifiée ?

Des personnalités, à titre individuel, mais aussi des représentants de groupes ou de partis. La seule condition sera d'être clairement contre la théocratie et favorable à un régime parlementaire et laïque. Je cherche un lieu de ralliement où toutes les forces démocratiques iraniennes pourront se réunir. J'aimerais que ce centre soit implanté en Europe, et de préférence en France. Cela demandera bien sûr des moyens importants.

Comment comptez-vous réunir ces moyens ?

Il n'est pas question que l'opposition démocratique soit soutenue par quelque gouvernement que ce soit, il est essentiel de garder notre indépendance. Je compte donc avant tout sur les Iraniens de la diaspora disposant de certains moyens financiers.

Souvent, en Occident, on me demande comment nous aider, je réponds : « Aidez-nous à mettre en place des moyens de communication puissants et fiables avec l'intérieur du pays, augmentez les pressions politiques et économiques sur la République islamique mais surtout ne faites jamais de compromis sur la défense des droits de l'homme et la démocratie en Iran. »

Dès que ce rassemblement sera effectif, les événements pourraient se précipiter. En juin 1978, quand j'ai quitté mon pays, le régime paraissait encore solide. En sept mois, tout a basculé. C'est un peu la nature des choses chez nous. Cela monte lentement avant d'arriver à ébullition. Et au moment de l'explosion, tout le monde est surpris. Ce moment va arriver. Mais si alors la relève politique n'est pas prête, tout peut déraper dans la violence et l'inconnu. Cette inquiétude est très présente parmi les gouvernements étrangers. Parfois des hommes politiques occidentaux m'interrogent : « Êtes-vous sûr que ça ne va pas déboucher sur l'anarchie ? On ne peut pas se le permettre. »

Aujourd'hui, les choses sont en train de bouger. Je le ressens fortement à travers mes contacts quotidiens avec mes compatriotes, surtout avec ceux de l'intérieur, mais aussi avec ceux qui sont à l'extérieur du pays. Des religieux m'appellent ainsi que des militaires, des hauts fonctionnaires. Ils sont vraiment très inquiets. Le vide politique accentue la pression à mon égard. Il y a une attente pour que j'entre en scène d'une manière plus active. Nous n'avons pas droit à l'erreur. Le temps est compté. L'Iran est en danger, menacé, si ce n'est d'une attaque militaire, peut-être d'une désintégration totale de son tissu social. L'inquiétude la plus grande cohabite avec l'optimisme.

Comment vous situez-vous par rapport aux autres courants de l'opposition démocratique ?

Pour répondre à votre question, je dois faire là aussi un peu d'histoire. Reportons-nous dans les années 70. À l'époque, l'opposition la plus active au régime de mon père se situait à gauche. Dans cette gauche, une partie seulement voulait renverser le régime : les communistes, les Fedayin du peuple, les Moudjahidin du peuple, les groupuscules maoïstes, trotskistes, etc. Mais la gauche modérée réclamait seulement la libéralisation du système. Elle regroupait des sociaux-démocrates, des libéraux et le Front national fondé par Mossadegh, qui était un mouvement hétéroclite. Pour eux, le shah avait outrepassé ses pouvoirs et il fallait revenir à la monarchie constitutionnelle où le monarque ne gouvernerait plus mais se contenterait de régner.

Puis sur ces oppositions s'est greffé le phénomène du khomeynisme qui était au départ peu et mal connu mais qui a tout emporté. Le paradoxe, c'est que la gauche, par nature laïque, s'est ralliée aux religieux. Elle avait cru qu'un nouveau régime octroierait plus de libertés, et elle s'est trouvée complètement dupée par Khomeyni. Certains, qui voulaient concilier l'islam et le marxisme, ont décidé de servir le régime, ils occupent encore aujourd'hui des responsabilités importantes. Mais, pour l'essentiel, la gauche a été rejetée dans l'opposition.

Pendant la guerre avec l'Irak, à partir de 1980, des dizaines de milliers d'opposants ont été emprisonnés, torturés, assassinés. Beaucoup ont pris le chemin de l'exil. Ceux qui sont restés en Iran sont entrés dans la clandestinité. Bientôt, l'opposition au nouveau régime a regroupé à la fois des partisans et des adversaires de l'ancien régime, soit un panel complètement hétéroclite allant des hommes les plus à droite aux hommes les plus à gauche. Il faut aussi y ajouter certains représentants des communautés ethniques et de leurs partis politiques. Au fil du temps, l'opposition a pris de l'ampleur, et beaucoup d'Iraniens de tous bords se sont rendu compte que cette révolution, pour reprendre leurs mots, « ce n'est pas ce que l'on cherchait, ce n'est pas ce que l'on voulait ». L'opposition a alors été renforcée par des transfuges du régime islamique, à l'intérieur et à l'extérieur du pays, comme Mehdi Bazargan, Premier ministre du premier gouvernement révolutionnaire, mais aussi des personnalités comme Karim Sandjabi et Darius Forouhar, qui avaient progressivement été étouffés par Khomeyni. Beaucoup se sont réfugiés en France où ils ont retrouvé des anciens dirigeants comme Chapour Bakhtiar et Ali Amini…

Quelles étaient vos relations avec Chapour Bakhtiar ?
Il a été l'une des personnalités politiques iraniennes qui m'ont le plus impressionné. Il était pragmatique. Il avait l'audace de dire les choses franchement. Il n'était pas question pour lui de travailler avec des gens comme les Moudjahidin ou avec d'autres islamistes. Il était réellement, profondément laïque. Il m'a souvent

rappelé qu'il respectait l'institution monarchique. Contrairement à d'autres de sa génération, anciens partisans de Mossadegh, il ne rejetait pas le système. Mais il était très critique à l'égard de la pratique de mon père qu'il jugeait, par son autoritarisme, responsable d'un manque de liberté politique. Pour lui, c'était là une des causes de la révolution. C'était un vrai partisan d'une monarchie parlementaire.

En exil, il s'est trouvé dans une situation politique très difficile à gérer. En tant que dernier Premier ministre du shah, il ne pouvait prétendre à la direction de toute l'opposition. Il a pourtant essayé d'être à la fois un chef de groupe et un rassembleur. Il a tenté de travailler avec un autre ancien Premier ministre, Ali Amini. Mais cela a échoué car leurs entourages se querellaient. À l'époque de Bakhtiar, on cherchait à regrouper des têtes connues ayant une bonne réputation, mais malheureusement elles ne disposaient pas de suffisamment de contacts en Iran. C'est une des raisons des faiblesses de l'opposition par le passé.

L'assassinat de Chapour Bakhtiar à Paris en 1991
a-t-il fait régresser l'opposition ?

Oui, bien sûr. Si lui et d'autres hommes d'État n'avaient pas été tués dans les années 80, leur expérience aurait été très utile. Malheureusement, à l'époque il était encore trop tôt pour unir l'opposition. La plupart des réactions, et c'est typiquement iranien, étaient émotionnelles, parfois extrêmement radicales. On ne se tolérait pas, on s'accusait, on se déchirait, oubliant l'ennemi commun. Pour tourner la page, il a fallu une génération.

Au début des années 80, il n'y avait presque pas de dialogue entre les différentes factions de l'opposition, la plupart des opposants étaient centrés sur eux-mêmes, arc-boutés sur leur idéologie. Jusqu'à la fin des années 90, le clivage entre la gauche principalement républicaine et les monarchistes paraissait insurmontable. Aujourd'hui, ce clivage appartient au passé et je fais tout ce qui est en mon pouvoir pour réunir autour du même objectif – l'instauration de la démocratie – ceux qui ont combattu mon père et ceux qui l'ont soutenu. Je veux être l'homme de la réconciliation, du rassemblement.

Quelles sont les relations aujourd'hui entre les différents courants de l'opposition ?

Les clivages du passé sont en train de s'estomper. De la gauche à la droite, il existe un consensus, fondé sur la même adhésion à trois éléments clés : les droits de l'homme, la démocratie parlementaire et enfin la laïcité dans le sens d'une séparation claire et nette du clergé et de l'État. Sur ces bases, la grande majorité des Iraniens se retrouve. Ce n'était pas évident il y a encore quelques années où beaucoup caressaient l'espoir d'une évolution du régime vers une « démocratie islamique ». Cette illusion s'est dissipée. Le réalisme gagne du terrain.

Quelles que soient leurs idées politiques, la majorité des Iraniens sont arrivés à la conclusion que le régime est incapable de se réformer. Pendant longtemps, certains ont voulu y croire, aussi bien parmi les Iraniens que dans la communauté internationale. Cela explique cet engouement autour des réformateurs, après l'élection de Khatami à la présidence en 1997. Toute une génération, ayant participé activement à ce mouvement réformateur à l'intérieur du pays et qui est allée jusqu'au bout de ce parcours, est aujourd'hui désillusionnée. Cette génération n'a rien à voir avec l'opposition « classique ». Elle n'est pas concernée par les anciens partis, par les vieux clivages idéologiques, par l'opposition républicains-monarchistes, par les querelles entre groupuscules ressassant les déceptions et les frustrations du passé. Elle n'a rien connu d'autre que la République islamique. Elle s'exprime à travers des mouvements sociaux, elle est fondée sur des expériences concrètes.

Vous avez rencontré récemment Akbar Atri, un des leaders du mouvement étudiant en Iran à la fin des années 90. Il a fortement soutenu l'expérience « réformatrice » déclenchée par l'élection du président Khatami. Puis, constatant l'impossibilité d'une transformation interne au régime, il a comme beaucoup d'autres rallié l'opposition, ce qui lui a valu les coups, la prison, l'exil. Avant de trouver refuge aux États-Unis il y a quatre ans, il avait toujours vécu dans la République islamique. Il est représentatif de cette nouvelle génération qui n'a pas connu le régime de votre père. Comment s'est déroulée votre rencontre ?

Avec la nouvelle génération, le contact est facile. Ses représentants ont une vision beaucoup plus claire de l'avenir et me disent en substance : « Nous n'avons aucune arrière-pensée, nous n'avons aucune idée préconçue sur qui que ce soit, y compris sur vous ; pour nous, l'important c'est de parler de l'avenir. » Nous parlons le même langage, nous voulons la même chose, cela ne pose aucun problème. La vraie discussion porte sur la tactique à adopter pour renverser le régime et non sur les responsabilités de mon père d'un côté ou de la gauche de l'autre dans l'avènement de ce régime. Les jeunes générations ont été victimes toute leur vie de la République islamique, ils ne se sentent aucunement coupables de la situation. Sur une population d'environ soixante-dix millions d'Iraniens, plus de la moitié sont âgés de moins de trente ans ! Ce sont ceux qui maintenant entrent en scène. Ils sont préoccupés avant tout par la démocratie et la laïcité mais aussi par les problèmes concrets comme l'emploi, le pouvoir d'achat ou l'accès aux études.

Dans la génération précédente, ceux qui avaient une vingtaine d'années en 1979, beaucoup restent imprégnés d'idéologie. Ils ont du mal à solder les comptes de notre histoire. Pour certains monarchistes, tout est la faute des autres : des Américains, des Britanniques, des Français, de la gauche, etc. Mais, pour beaucoup d'intellectuels de gauche, la remise en cause de leurs actions est douloureuse. Leur ego souffre à l'idée d'avouer qu'ils ont ouvert la voie à Khomeyni.

Les gens de l'ancienne génération ont, hélas, trop de valises à porter. C'est difficile d'imaginer qu'ils puissent admettre : « Oui, nous avons commis des erreurs, oui, nous nous sommes trompés. » Seulement, quelques-uns ont eu intellectuellement le courage de le reconnaître. Ce n'est pas facile, il est vrai ! Mais le problème se pose aussi pour moi. Je ne peux pas me tourner vers le futur, incarner l'union nationale sans reconnaître sincèrement les erreurs de certains responsables d'avant la révolution. Le reconnaître, c'est indispensable pour l'avenir de l'Iran.

Vous êtes désormais en contact avec Mohsen Sazegara, un autre dissident du régime islamique. Fondateur des Gardiens de la révolution, il fut à l'origine du système répressif dont vos amis et l'ensemble des Iraniens souf-

ner le courage qu'il faut pour s'opposer au régime. Pourquoi trouve-t-on tellement d'Iraniens emprisonnés, torturés, exécutés pour des raisons politiques ? C'est qu'ils sont prêts à prendre tous les risques pour alerter le monde, lui demander de les soutenir. Je ne peux qu'être admiratif devant tous ces sacrifices, surtout venant des jeunes.

Ces expressions dissidentes sont-elles plus importantes aujourd'hui que dans les années 1997-2005, par exemple pendant les deux mandats de Khatami ?

Elles sont bien plus importantes. Ceux qui croyaient à une réforme du régime par lui-même se rallient de plus en plus aux opposants de la première heure. Ce régime ne peut pas se démocratiser tout en restant théocratique. S'il cédait à la revendication démocratique, quelle serait sa raison d'être ? Ce serait contre sa nature, il disparaîtrait.

Les femmes ont contribué à la victoire de Khatami en votant massivement pour lui. Où en sont-elles aujourd'hui ?

Les femmes de la première génération, celles qui ont soutenu la révolution contre mon père et qui ensuite en ont subi les conséquences, sont bien placées pour comparer leur situation avant et après l'avènement de la République islamique, qui les a transformées en citoyennes de deuxième classe. Malgré la propagande du régime, personne n'est dupe de la régression incroyable qu'elles endurent dans tous les domaines : égalité civile, sociale, droit au divorce, héritage, éducation des enfants. Avant 1979, les droits et libertés accordés aux femmes étaient inédits dans un pays musulman. Perdant brutalement tous ces nouveaux droits, les femmes ont été les premières à résister au régime islamique.

Parmi les autres catégories victimes de ce régime, je voudrais citer les fonctionnaires. Ceux qui sont compétents, et il y en a beaucoup, se voient placés sous les ordres de gens non qualifiés qui sont nommés pour récompenser leur servilité et sont corrompus. La question de la bonne gouvernance doit figurer au premier rang des préoccupations de l'opposition. Il ne faut pas non plus oublier toutes nos communautés et nos minorités religieuses qui sont les plus maltraitées.

Enfin, je vais vous surprendre car on n'en parle jamais en Occident : parmi les victimes du régime, il y a le clergé. La majorité de ses membres étaient en désaccord, dès le début, avec ce que Khomeyni représentait : la politisation de la religion. Il n'était pas le chef religieux le plus haut placé en Iran. Il s'est imposé en manipulant les manifestations. C'est une longue histoire ! Aujourd'hui, en dehors de ceux qui sont directement liés à ce régime, la grande majorité des religieux, au plus haut niveau de la hiérarchie cléricale, réclament une

Aujourd'hui, avec les réfugiés et leurs descendants, on compte effectivement près de quatre millions d'Iraniens ou de personnes d'origine iranienne qui vivent à l'étranger, dont les deux tiers sont sur le territoire européen ou aux États-Unis.

Durant la première année de la révolution, au moins cinq cent mille personnes ont quitté le pays. C'étaient principalement des soutiens de l'ancien régime qui fuyaient les persécutions. Puis, ce fut le tour des désenchantés de la révolution qui se trouvaient à leur tour persécutés, comme des membres de la gauche laïque ou de la gauche islamique, sans oublier un grand nombre d'exilés apolitiques qui ont quitté l'Iran pour donner à leurs enfants un meilleur avenir, leur éviter de vivre sous une théocratie fasciste.

Les Iraniens de la diaspora sont issus des élites du pays : universitaires, chercheurs, hauts fonctionnaires, médecins, officiers. Les conditions de vie et de travail étant plus agréables aux États-Unis, une majorité s'est installée là-bas. La diaspora iranienne connaît une grande réussite sociale et économique partout, aux États-Unis bien sûr mais aussi en Europe. Les Iraniens se sont totalement intégrés dans leur pays d'accueil. Leurs enfants, leurs petits-enfants sont américains, français ou allemands. Il n'empêche qu'ils continuent à se sentir iraniens, à maintenir nos traditions. Les liens se sont resserrés depuis une dizaine d'années grâce à la possibilité de voyager en Iran et surtout à Internet et à la baisse du coût des télécommunications qui ont permis d'établir une fluidité des échanges entre l'extérieur et l'intérieur.

Pensez-vous que beaucoup d'exilés rentreront ? Quelle place leur donnerez-vous ? Comment éviter que le pays soit pris en mains par une équipe venue de l'extérieur, que le chercheur formé en Californie ne supplante son collègue de Tabriz ou d'Ispahan ?

Beaucoup d'Iraniens de la diaspora sont maintenant des citoyens d'autres pays. Pourtant ils continuent d'aimer leur patrie d'origine et demain, s'il fallait aider l'Iran, ils seraient prêts à agir. Je pense qu'un Iran libre, démocratique, ouvert sur le monde, sera suffisamment attrayant pour voir revenir un nombre important des jeunes Iraniens vivant à l'étranger.

Cela ne veut pas dire qu'ils voudront rompre tout lien avec le pays où ils sont nés et où ils ont grandi. Pour tenir compte de cette situation, il faudra réformer la législation et signer une convention avec des pays comme la France, l'Allemagne ou les États-Unis ayant accueilli beaucoup d'Iraniens qui pourraient ainsi opter pour la double nationalité. Dans le domaine fiscal aussi, on pourrait trouver une formule leur permettant de payer certaines taxes en Iran et d'autres taxes dans le pays où ils résident. C'est une aide concrète que les

États-Unis ou les pays européens pourraient apporter à la reconstruction de l'Iran.

L'essentiel, cependant, n'est pas le retour de tous les exilés. C'est la contribution que peut apporter la diaspora iranienne. Grâce à elle, nous disposons aujourd'hui de près de quatre millions d'ambassadeurs dans le monde entier. Ils sont autant de défenseurs de la cause d'un Iran démocratique pas seulement auprès des gouvernements, mais aussi dans le monde des affaires, dans le monde scientifique et artistique. Cette diaspora représente un atout et une force considérable.

Quelle est la situation de ces exilés ? Ont-ils été déchus de la nationalité iranienne ?

Non, beaucoup d'entre eux ont conservé un passeport iranien. Le régime actuel ne reconnaît pas la double nationalité.

Et vous, personnellement, êtes-vous toujours un citoyen iranien ?

Je garde toujours précieusement mon passeport et ma carte d'identité nationale d'antan. Je suis un Iranien dans mon âme. Je le resterai toujours.

6
Laïcité et religion

Vous semblez considérer l'engagement laïque comme une ligne de démarcation infranchissable séparant les vrais opposants des partisans du régime. Est-ce si clair que cela ? Par exemple, quelqu'un comme l'avocate Shirin Ebadi, prix Nobel de la Paix en 2003, qui est connue pour ses positions courageuses dans le monde entier, aurait-elle sa place dans votre rassemblement ? Ou la rejetteriez-vous sous prétexte qu'elle n'est pas à 100 % contre le régime islamique ?

Shirin Ebadi peut-elle dire tout ce qu'elle veut dans la situation actuelle ? Si elle le disait, pourrait-elle continuer à défendre des prisonniers politiques comme elle le fait ? Quel est le fond de sa pensée sur la République islamique ? Je préfère ne pas me prononcer sans l'avoir rencontrée et sans avoir parlé de vive voix avec elle. Mais, d'après ce que je sais, j'ai du mal à croire qu'elle soit complice de ce régime. D'ailleurs, récemment elle a eu le courage de prendre position en faveur d'une démocratie laïque. Je me réjouis qu'elle ne parle plus d'une démocratie islamique. Certains disent qu'elle est ambiguë par rapport au régime parce qu'elle dit souvent : « Je suis musulmane et je suis fière de l'être. » Pour moi, la religion relève de la sphère privée. J'espère qu'un jour, dans notre pays, personne n'aura plus le droit d'exiger de quiconque qu'il proclame publiquement sa foi. C'est contraire à tous les principes des droits de l'homme.

Vous n'avez jamais eu la curiosité de rencontrer Shirin Ebadi ?

J'aimerais la rencontrer. Mais je pense que pour elle ce serait difficile. Elle n'est pas entièrement libre de ses mouvements. Vous savez, j'ai toujours été partisan du dialogue. Ce qui ne signifie pas nécessairement acquiescement. La discussion est le seul moyen de trouver des convergences, des solutions, c'est beaucoup plus civilisé que de s'envoyer des invectives ou des pierres. Il faut être très clair : un régime démocratique doit être fondé sur la souveraineté du peuple à travers un mécanisme démocratique, c'est-à-dire l'élection d'un Parlement, et les lois du pays doivent être votées par les représentants du peuple. La Constitution future de l'Iran doit se référer à la Déclaration universelle des droits de l'homme et non à la charia.

Beaucoup de Constitutions font référence à la religion mais aucune démocratie actuelle ne confond ses textes constitutionnels avec la Bible ou le Coran. Je ne peux pas imaginer une démocratie sans une séparation totale entre le clergé et l'État. Sous le régime islamique, la loi a pour source le Coran. Peut-on débattre avec Dieu ? Peut-on mettre en question telle ou telle sourate du Coran ? La réponse est négative. Ce qui veut dire que l'on ne peut pas discuter la loi. Or le fondement de la démocratie, au contraire, c'est de choisir, décider, discuter, avoir le droit de contester les lois. Un système fondé sur une loi divine est par définition absolu et donc antidémocratique.

Donc pour vous quelqu'un comme M. Bani Sadr, l'ancien président iranien qui a rompu avec le régime en 1981 mais se réclame d'une « démocratie islamique », n'a pas sa place dans votre rassemblement de l'opposition ?

M. Bani Sadr critique beaucoup d'aspects du régime mais il ne remet pas en cause la nature du régime. Dans une démocratie, la religion est respectée, la liberté religieuse, pour toutes les religions, fait partie des droits de l'homme, que l'on soit musulman, chrétien, juif ou autre.

L'Iran que je connais, les Iraniens avec lesquels je parle souvent, ne vont pas abandonner leurs traditions religieuses, extrêmement anciennes. C'est mon opinion, mais c'est aussi le sentiment de beaucoup d'Iraniens, être contre la théocratie ne signifie pas que l'on est contre la religion. La religion est un élément extrêmement important, elle fait partie des droits de l'homme. Chacun a le droit d'être ce qu'il veut, religieux, non religieux, croyant, non croyant. Beaucoup de Français, beaucoup d'Américains, beaucoup de Japonais sont croyants. Mais cela n'a rien à faire avec le gouvernement.

Prenons un autre exemple : Mohsen Sazegara. Il a été très proche de Khomeyni et fut à ce titre l'un des fondateurs du corps des Gardiens de la révolution. J'ai eu plusieurs discussions avec lui. Il est très religieux mais il défend des idées laïques lorsqu'il dit : « Je ne veux pas un régime religieux, je veux une séparation du clergé et de l'État. » Quelle est la différence entre Mohsen Sazegara, pourtant responsable de la création de plusieurs institutions de ce régime, et Ahmadinejad ? Ce n'est pas l'intensité de la foi ou de la pratique religieuse. C'est que l'un demeure mentalement dans le régime et que l'autre en est sorti. Bani Sadr est-il pour ou contre la République islamique ? C'est à lui de répondre. Pour ma part, je suis pour l'inclusion et non pour l'exclusion.

Votre position est un peu restrictive. De Gaulle face au nazisme et au régime de Vichy a finalement réussi à rassembler des gens qui n'étaient pas d'accord sur grand-chose. Les uns étaient communistes et d'autres monarchistes, ils n'étaient pas tous démocrates. Unis contre le même ennemi, ils se sont dit : « On verra bien après. » Votre souci de clarté ne risque-t-il pas d'affaiblir l'opposition au régime islamique ?

Je vois une différence. Nous devons tirer les leçons du passé. Je pense à la révolution, où on entendait : « Que le Shah s'en aille, ensuite on verra. » J'insiste là-dessus : il n'est pas suffisant d'être contre quelque chose, il faut savoir ce que l'on veut après. Il faut définir très clairement les contours d'une société démocratique et laïque. Si on reste dans l'ambiguïté, on court au-devant de terribles désillusions. N'est-ce pas comme cela que l'histoire se répète ?

À propos de l'opposition iranienne, il existe un groupe d'opposition iranien dont les troupes, armées, sont installées en Irak. En Europe, il est très actif, connu des milieux politiques, je veux parler des Moudjahidin du peuple. Ils se disent favorables à un régime islamique, mais opposés au pouvoir des mollahs. Faites-vous une différence entre eux et ceux qui sont au pouvoir en Iran ?

Les Moudjahidin du peuple veulent depuis toujours marier le marxisme et l'islam. Personnellement, je pense que c'est fondamentalement contradictoire. Mais ce n'est que mon opinion…

Accepterais-je un groupe comme les Moudjahidin du peuple dans un rassemblement de l'opposition ? Cela dépend avant tout d'eux-mêmes. Le problème c'est qu'ils ne semblent pas vouloir ou pouvoir s'asseoir à côté des autres.

Il y a aussi l'absence de transparence : le discours des Moudjahidin du peuple n'est pas le même selon qu'ils parlent entre eux ou communiquent avec l'extérieur. Et s'ils commençaient à dialoguer avec d'autres, cela remettrait en cause leur organisation. Ils sont d'ailleurs considérés comme un mouvement à part, replié sur lui-même. C'est pourquoi ils sont les seuls à n'avoir jamais pu discuter avec aucune autre tendance de l'opposition.

Je crains qu'il ne soit impossible d'instaurer un dialogue avec eux. À moins qu'ils fassent leurs les principes de la démocratie, du pluralisme et de la laïcité et renoncent sincèrement à la violence et au terrorisme. Dans ce cas, la porte leur sera ouverte.

Est-ce que demain, dans un système laïque, un parti politique s'affirmant démocrate et musulman, comme la démocratie chrétienne en Europe, pourra exister légalement ?

Il faut que ce soit bien clair. Un parti imprégné de valeurs religieuses a le droit d'exister en démocratie.

C'est d'ailleurs le cas en Turquie. En revanche, il devra comme tous les autres partis respecter entièrement la Constitution laïque et ne pas vouloir transformer la nature de l'État.

Dans l'Iran laïque que vous appelez de vos vœux, un religieux pourra-t-il entrer au Parlement ?

Vous me demandez si la loi devra empêcher quelqu'un de se présenter aux élections parce qu'il est religieux ? Je ne peux répondre catégoriquement à cette question qui sera tranchée par l'Assemblée constituante. Mais je peux vous donner mon sentiment personnel : s'il est candidat en tant que citoyen et que les électeurs votent en sa faveur, je ne vois pas pourquoi un membre du clergé ne pourrait pas siéger au Parlement. En France, dans un régime laïque, une personnalité comme l'abbé Pierre a bien été élu député.

La fin de l'État théocratique signifie-t-elle pour autant que les religieux ne joueront plus aucun rôle dans la cité ? Concernant le mariage, pensez-vous que, comme dans les autres pays musulmans mais aussi en Israël, il doit rester aux mains des religieux ? Ou au contraire prendrez-vous pour modèle la France où le mariage civil prime sur le mariage religieux ?

Personnellement je préférerais que le mariage civil soit la règle. Quand je me suis marié, aux États-Unis, ce fut d'abord civilement. Mais par respect pour notre religion, selon nos traditions, nous avons voulu, ma femme et moi, un mariage religieux. C'est notre décision, nous pouvions le faire ou non. Cela dépend des personnes. On ne peut pas l'imposer à autrui. C'est la même chose que le port du voile.

À propos du voile, comment percevez-vous l'interdiction de son port dans les écoles françaises ?

Dans un pays comme l'Iran, majoritairement musulman, il n'est pas choquant de voir des femmes voilées, cela appartient à notre culture… à condition qu'elles décident de porter le voile librement ! En Europe, c'est très différent. Par rapport à votre culture, le voile peut être perçu comme une atteinte à l'égalité entre hommes et femmes qui, à ce titre, menace l'équilibre de la société occidentale. Je pense qu'il est normal qu'en France le port du voile soit interdit dans les écoles. La France n'est pas un pays de culture musulmane.

Le port du voile relève-t-il d'après vous d'une démarche plus politique que religieuse ?

C'est possible. Mais il ne faut pas confondre les intégristes, qui l'utilisent dans l'intention de politiser l'islam, avec les vrais croyants motivés par des raisons religieuses. C'est le dilemme aujourd'hui en Occident, comme en Iran : comment séparer la majorité des musulmans d'une minorité radicale ? Comment éviter que l'islamisme n'entraîne le rejet de l'islam ?

En France, l'interdiction du port du voile à l'école découle aussi d'une certaine conception de la laïcité. Nul n'a le droit de manifester une préférence religieuse dans le cadre scolaire.

Lorsque la laïcité est la loi du pays, les musulmans doivent la respecter, surtout dans le secteur public. Ce n'est plus seulement leur liberté personnelle qui entre en jeu, c'est la loi. Je veux m'installer en France, je suis musulman, chrétien ou juif, c'est mon affaire, mais si mes pratiques religieuses ne sont pas les bienvenues dans le domaine public – c'est la loi –, j'ai deux choix : ou cela me gêne et alors je ne vais pas en France ; ou je décide d'y habiter et alors je dois respecter les lois françaises.

Aujourd'hui, le régime islamique impose à toute femme étrangère arrivant en Iran de porter le voile. Sont-elles toutes d'accord ? Non, mais elles doivent le faire. J'espère qu'en Iran, demain, on permettra aux femmes de choisir librement. Mais, en attendant, les islamistes ne sont pas fondés à critiquer la France. Si cet extrémisme islamiste n'existait pas, les Français n'auraient peut-être pas interdit le voile. Le principe qui me guide en toutes circonstances, c'est la liberté de choix. L'être humain doit pouvoir choisir. Mais il doit aussi respecter la loi, lorsqu'elle a été décidée démocratiquement. Le choix et la loi, la loi et le choix. Pour l'ordre, il faut la loi. Pour la liberté, il faut le choix. On ne peut pas tout imposer, on ne peut pas tout demander. C'est la base de tout système démocratique.

Faut-il rendre aux religieux iraniens les pouvoirs qu'ils avaient avant Khomeyni où, sans diriger l'État, ils disposaient quand même d'un certain nombre de prérogatives, par exemple en matière de justice ?

Je ne le souhaite pas. D'ailleurs les religieux en général ne désirent pas ce genre de responsabilité. Selon la tradition chiite, on ne peut envisager un gouvernement divin sur terre avant l'apparition du Mahdi, le Messie des chiites, une personnalité pure, n'ayant commis aucun péché. Nos religieux étant mortels, ce sont tous des pécheurs, d'une manière ou d'une autre. Il n'est pas envisageable qu'un homme soit un saint, sauf, et c'est une exception, le douzième imam, le Mahdi. En attendant son arrivée, notre clergé traditionnel a toujours considéré qu'il n'a pas le droit de gouverner et qu'il doit se contenter d'exercer un magistère sur la société. C'est aussi son intérêt. Dès qu'il occupe une fonction politique, le clergé se retrouve soumis à la critique, donc vulnérable.

C'est une des raisons pour lesquelles la majorité du clergé iranien n'était pas favorable à la prise de pouvoir par Khomeyni. Sans compter que Khomeyni a quasiment nationalisé le clergé. Il a dit : « C'est moi le seul chef du clergé chiite, le seul interprète de la pensée divine, vous devez m'obéir, vous devez me donner les fonds que vous remettent vos disciples. » Dans la tradition chiite, l'*ayatollah al ozmah* (grand ayatollah) représente le grade suprême. Lui seul peut être l'interprète de la religion, ce que l'on appelle la « source d'imitation ». Mais contrairement au système catholique, où le pape est le seul représentant de Dieu sur terre, la tradition chiite est pluraliste. Il n'existe pas un pape mais plusieurs *ayatollahs al ozmah*, et le croyant a le droit de choisir entre tous les grands ayatollahs celui qu'il veut « imiter », suivre.

Le pouvoir d'un ayatollah est fondé sur sa propre thèse qu'il doit soumettre aux autres ayatollahs avant d'obtenir ce grade. Il repose aussi sur une autonomie financière : l'ayatollah reçoit des dons importants pour propager ses thèses, éditer des manuscrits. Avant la révolution, le chiisme iranien avait plusieurs têtes. Les ayatollahs Chariat Madari et Khoy étaient les personnages les plus puissants. Du point de vue de la hiérarchie religieuse, ils étaient supérieurs à Khomeyni. Ils ont été écartés comme beaucoup d'autres ayatollahs, en désaccord avec le concept de *velâyat faghih*, de pouvoir temporel du représentant de Dieu, le pouvoir suprême du religieux, instauré par Khomeyni et totalement contraire à tous les principes de base du chiisme.

Cela explique pourquoi l'ayatollah Sistani, qui se trouve aujourd'hui en Irak, est la personne la plus vénérée des chiites iraniens. Ils se tournent plutôt vers lui comme un recours face à Khamenei, qui est le guide suprême du régime mais que personne ne considère réellement comme un grand leader spirituel.

Étant donné les dégâts causés à la religion par le régime islamique, je pense, dans l'intérêt de l'islam iranien, que la future Constitution devra écarter le clergé de toute fonction politique. Les religieux, la religion ont-ils un rôle à jouer dans la société ? Bien sûr, mais c'est un domaine spécifique qui n'a rien à voir avec la gestion des affaires de la cité.

Dans un Iran démocratique et laïque l'islam chiite, sans être religion d'État, bénéficiera-t-il au moins d'un statut particulier en tant que religion de la majorité ?

Ce serait une terrible hypocrisie d'affirmer : « Nous sommes pour les droits de l'homme mais nous devons avoir une religion officielle. » C'est totalement contradictoire. Aucune religion ne doit être officialisée, quel que soit le nombre de ses fidèles. Je sais bien que 97 % des Iraniens sont musulmans. Cela veut-il dire que l'on devrait avoir une religion officielle ? Non. La religion a été pendant quatorze siècles un sujet tabou. À cause de l'expérience actuelle du régime islamique, nous sommes obligés d'en discuter.

Nous avons tellement perdu de temps, tellement souffert, que je ne me vois plus vivre dans un pays qui maintiendrait la moindre ambiguïté par rapport au statut des religions. Donc, l'État iranien démocratique garantira l'existence de toutes les religions. Mais il n'en favorisera aucune. L'Iran, tout en comptant une majorité de musulmans, ne devra plus être un « État musulman ».

La Constitution et les lois pourraient-elles ne plus se conformer du tout à la charia ?

Je le dis très clairement et très solennellement. Je ne peux pas envisager la moindre confusion entre les lois laïques et les lois religieuses. Bien sûr que la religion peut avoir une influence morale dans les débats sur les questions de société comme par exemple l'avortement. Les religieux apporteront, bien entendu, leur éclairage. C'est légitime. Mais, au bout du compte, c'est le Parlement qui tranchera. Et personne ne pourra contester la loi votée au prétexte qu'elle serait contraire à la charia. L'essentiel, c'est qu'elle respecte la Déclaration universelle des droits de l'homme.

Pensez-vous être en phase avec la majorité des Iraniens ?

Oui, je le crois. Ce qui m'inquiète plutôt, c'est l'avenir de l'islam après cette triste expérience théocratique. Par rejet de l'islam, beaucoup d'Iraniens aujourd'hui se convertissent à d'autres religions, au zoroastrisme, au christianisme. C'est symptomatique. Toutefois on peut penser que, dans un régime démocratique et laïque, l'islam retrouvera sa place ou plutôt trouvera une nouvelle place. Pour ma part, je ne m'autoriserai jamais à demander à un autre Iranien : « Quelle est ta religion ? » Je ne m'en donne pas le droit.

Vous semblez penser que, dans un Iran devenu démocratique, l'islam connaîtra une deuxième jeunesse. Or en Occident on a observé que les religions perdent de leur influence dès que les sociétés s'ouvrent et accèdent à la prospérité qui favorise le matérialisme. Voyez-vous une différence fondamentale avec l'Europe qui permettrait à la religion de trouver un deuxième souffle dans un Iran démocratique ?

Avant d'atteindre son stade actuel, l'Europe est passée par de nombreuses étapes : croisades, guerres de religion, Inquisition, Renaissance, révolutions, contre-révolutions. Cette évolution a pris des centaines d'années. L'Iran démocratique qui naîtra demain ne sera pas l'Europe. Ce n'est ni réaliste ni souhaitable. Ainsi je ne pense pas que l'on puisse envisager à court terme un Iran où les religions, notamment l'islam, seraient en voie de disparition. En revanche, l'islam n'aura pas d'avenir s'il ne prend pas clairement ses distances avec l'expérience théocratique.

J'en ai souvent discuté, comme je vous l'ai dit, avec des religieux, y compris des grands ayatollahs, qui ne pensent pas que nous soyons en désaccord sur ce sujet. Je leur dis ce que je pense, c'est mon devoir de le faire, je préfère que tout soit sur la table. La confiance ne peut s'établir qu'à travers la transparence. Et aujourd'hui ce mot, transparence, est peut-être le plus utilisé dans les discussions en Iran. Quand les jeunes me parlent, ils me demandent : « Dites tout ce que vous avez à dire de la manière la plus transparente. » Ils ont tellement souffert des mensonges et des hypocrisies. J'aimerais donner l'exemple, car pour moi aucun sujet n'est tabou. Pour certains, ma vision est peut-être imprudente. Mais je dois cette transparence et cette franchise à mon pays, je préfère que les Iraniens entendent tout ce qu'il y a à dire pour qu'ils puissent faire le meilleur choix.

Vous dites que vous discutez avec des ayatollahs. Mais comment faites-vous concrètement depuis Washington... où les ayatollahs sont rares ?

Certains voyagent, d'autres m'envoient des émissaires. J'en ai rencontré beaucoup, y compris quelques-uns qui d'une manière ou d'une autre étaient des représentants du système. Autrement, j'ai des conversations par téléphone avec eux, là où ils se trouvent en Iran.

Dans un pays laïque, le respect dû au croyant doit-il amener à fixer des règles et des limites à la critique de la religion ? Le problème s'est posé en France et ailleurs en Europe à propos des caricatures du Prophète publiées d'abord par un journal danois. Considérez-vous ces caricatures comme offensantes ? Doivent-elles être censurées ? Souhaitez-vous le maintien même dans un Iran démocratique d'une loi réprimant le blasphème ?

Ne confondons pas : être offensé, c'est une chose ; la liberté d'expression en est une autre. Ces caricatures étaient offensantes. Cela ne veut pas dire qu'il fallait les interdire.

Ces caricatures, vous les avez trouvées de mauvais goût ?

Oui, elles étaient plutôt de mauvais goût et inutiles. Personnellement, j'étais choqué et un peu indigné.

Les auteurs ont prétendu que ces caricatures ne visaient pas l'islam, mais les terroristes.

Oui, mais l'interprétation restait ambiguë. Cependant, rien ne justifie les campagnes hystériques de haine lancées par les islamistes suite à la publication de ces caricatures. Je défends, avec force, la liberté d'expression. Je suis catégorique là-dessus. Demain, en Iran, des caricatures pourront atteindre n'importe quelle idée, n'importe quel personnage. Bon goût ou mauvais goût, il faudra les accepter même si ce ne sera pas facile pour les personnes visées.

Pensez-vous que, comme en France, la justice pourra intervenir si quelqu'un se considère calomnié ou diffamé par une caricature ou un article de presse ?

Il faut évidemment qu'une personne attaquée publiquement puisse se défendre. Mais je suis très méfiant envers toute loi restreignant la liberté d'expression. Aux États-Unis, il existe encore aujourd'hui des groupes racistes tel le Ku Klux Klan. Leur liberté d'expression est garantie par la Constitution américaine. Cela ne veut pas dire qu'ils sont inoffensifs. Ils sont dangereux, nuisibles, évidemment.

Si on hésite un instant, c'est que l'on n'est pas convaincu à 100 % de la justesse des principes que l'on défend, ou alors que l'on est hypocrite. Je ne peux pas dire : « Je suis pour la liberté d'expression, mais je ne tolérerai pas telle ou telle idée. » La seule chose que je ne tolère pas, c'est l'intolérance. L'intolérance, c'est le début de la guerre, c'est le début de la torture, le début de l'humiliation, le début de la dictature, le début de la répression. Si la liberté d'expression disparaît, on perd tout.

Cependant, la liberté d'expression ne doit pas être prétexte à la calomnie ou à la diffamation. Il est clair que la justice doit protéger les citoyens contre ce type d'attaques.

Vous expliquez que Khomeyni avec sa théorie théocratique du velâyat faghih *a détourné les traditions de l'islam chiite. Ne pensez-vous pas cependant que quelque chose dans la pratique ancestrale de cet islam chiite a préparé le terrain au khomeynisme ? Je pense par exemple à la culture du martyre, à la flagellation. Certaines choses ne doivent-elles pas être changées aujourd'hui dans l'islam chiite ?*

La question se pose aussi dans le monde chrétien. Aujourd'hui encore à Jérusalem on voit des pèlerins qui se flagellent. Est-ce un rituel, une tradition ? C'est aux chrétiens d'en juger. Concernant le chiisme et le rôle central qu'il accorde au martyre, j'ai mon interprétation personnelle sur la question. Quand dans ma jeunesse, par respect pour notre religion, j'observais le rituel de deuil de l'Ashurra, je devais m'habiller en noir. Cela ne me posait pas de problème. En revanche, j'étais choqué par ce que l'on faisait subir à de jeunes enfants, frappés sur le crâne jusqu'au sang avec des *ghamehs*, des sortes de longs poignards. Nombreux étaient ceux qui développaient des infections. C'est le côté controversé de certaines pratiques religieuses. Mais ces rites existent dans toutes les religions.

La tradition religieuse est une chose. Mais les droits de l'enfant font partie des droits de l'homme. C'est ma responsabilité d'introduire ce débat. Il faudra de longues discussions avant de trouver un consensus. La religion doit-elle se réformer ? Évidemment. Regardez, le Vatican n'est plus le même qu'à l'époque de l'Inquisition. Si aujourd'hui le pape, réputé pourtant infaillible, s'excuse officiellement pour les abus sexuels commis par des prêtres, cela montre bien que même le clergé peut s'adapter à la réalité de ce monde.

Avez-vous dit cela à vos interlocuteurs du clergé ?

Absolument. Lors de nos discussions, nous n'abordons pas uniquement la question de la laïcité, nous échangeons aussi sur l'avenir de l'islam dans notre pays et la nécessité de le réformer afin qu'il entre dans le XXIe siècle et quitte l'époque du Prophète.

Où en sont les discussions théologiques au sein du clergé ? Sur quels points ses membres veulent-ils apporter des changements ? Sur la doctrine ou simplement les pratiques ?

Sur les rituels mais aussi sur la doctrine. Bien sûr, dans l'état actuel des choses, les membres du clergé réservent le fond de leur pensée, car ils sont sous surveillance. Mais demain, dans un Iran libre, un tel débat pourra se dérouler sereinement. C'est malheureusement impensable à l'heure actuelle. Un jour, je l'espère, des religieux pourront s'exprimer librement sans risquer le bannissement, l'exclusion, ou même la prison.

Dans le processus de rupture avec le régime théocratique, attendez-vous que les religieux remettent en cause le velâyat faghih *?*

Absolument, cela fait partie de ma stratégie. D'ailleurs, beaucoup ont déjà eu le courage de le faire. Les religieux ont beaucoup à perdre s'ils restent à l'écart du processus de rupture avec le régime. Je veux les y inclure totalement. Certains membres de l'opposition, particulièrement à gauche, ne veulent pas entendre parler des religieux. Mais ils ne sont pas représentatifs de la majorité de l'opinion iranienne. Il est capital que des religieux dénoncent le régime islamique eux aussi. Les religieux ainsi que les forces coercitives du régime, militaires ou paramilitaires, font partie, dans mon esprit, de la transition à venir.

7

Renverser le régime

*Comment envisagez-vous concrètement le renverse-
ment du régime ?*

Idéalement, je voudrais qu'il se passe de manière
non violente, comme dans les pays d'Europe de l'Est,
Roumanie exceptée, à la fin des années 80. Je ne pense
pas que l'on pourra complètement éviter la violence,
vu la nature répressive et brutale du régime, mais nous
devons fonder notre mouvement sur le principe de la
non-violence. Le passé nous a montré que la violence
et l'anarchie engendrent rarement la démocratie. Même
si cela paraît naïf de prôner la désobéissance civile face
à un régime si sanguinaire, je m'en tiendrai à cette ligne.
Regardez le régime d'apartheid en Afrique du Sud et
les dictatures militaires d'Amérique latine, c'est ainsi
qu'ils se sont finalement effondrés.

Après la chute du régime, il faudrait que se forme
un gouvernement provisoire. Il sera logiquement dans
la continuité de la structure unifiée de l'opposition que

je suis en train de mettre en place. Je préviens déjà ceux que je sollicite : leur mission se prolongera au-delà du renversement du régime. Ce gouvernement provisoire devra être représentatif de toutes les tendances de la société iranienne et pour cela il intégrera des Iraniens de l'intérieur : dirigeants de syndicats et de partis clandestins, intellectuels, économistes… Il aura pour mission de gérer les affaires du pays dans une période transitoire et de préparer le plus vite possible l'élection d'une Assemblée constituante dont les membres élaboreront une Constitution.

La population sera associée aux débats à travers les médias, les partis politiques et tous les moyens de communication possibles. Il faudra laisser le temps à l'information et au débat. Mais nous devrons faire relativement vite pour éviter que l'Iran ne reste trop longtemps avec des institutions provisoires.

République ou monarchie ?

À mon avis 98 % du texte de cette Constitution sera identique, que le régime soit une monarchie parlementaire ou une République parlementaire. Sur la forme il existe plusieurs possibilités. Dans le cas d'une monarchie parlementaire, un monarque est chef de l'État. Le Premier ministre étant le chef du gouvernement. Dans le cas d'une république, il y a plusieurs modèles : la France, les États-Unis, l'Inde…

En somme, une fois ces choix faits, on verra que les différences de fonctionnement sont minimes entre la monarchie parlementaire et la république. Dans les deux cas, il s'agit d'un État de droit fondé sur la Déclaration universelle des droits de l'homme et garantissant à chaque citoyen l'exercice de ses libertés fondamentales.

République ou monarchie ? Cette question sera la toute dernière qui se posera. Le peuple la tranchera par référendum. Pour cette raison, je ne souhaite pas qu'elle soit posée pour l'instant. Les monarchistes me le reprochent ! Mais je leur dis que pour moi ce n'est pas aujourd'hui la priorité. Si, à l'avenir, j'ai un rôle institutionnel à jouer, c'est au peuple d'en décider. Mon rôle actuel, le seul que je revendique est celui d'un fédérateur placé au-dessus de la mêlée, sans la moindre préférence, monarchique ou républicaine, de droite ou de gauche.

Pourquoi cette neutralité ? Parce que, selon beaucoup, y compris les anciens opposants républicains au régime précédent, je suis le seul qui puisse aujourd'hui jouer ce rôle. Je le leur dis vraiment, franchement et honnêtement : « Si vous trouvez un meilleur représentant que moi, je vous donne ma parole que je serais le premier à le soutenir dans le but de libérer notre pays. Si vous ne trouvez personne, je suis votre serviteur. Et je suis prêt à jouer ce rôle, à condition que l'on comprenne bien que mon futur statut n'est pas ma préoccupation prioritaire. Mais si je peux être votre porte-parole aujourd'hui, je le ferai de mon mieux avec votre appui. C'est mon devoir. »

Dans toute stratégie de renversement d'un pouvoir dictatorial, la question essentielle est celle des forces armées. Pensez-vous qu'il soit possible de neutraliser les Gardiens de la révolution ? Où en êtes-vous de ce point de vue ?

Il existe un immense malaise au sein des forces militaires ou paramilitaires iraniennes, c'est-à-dire l'armée régulière, bien sûr, mais aussi les Gardiens de la révolution et les miliciens Bassidjis, qui sont des organisations idéologiques. Je suis en contact avec bon nombre de leurs chefs depuis une vingtaine d'années.

Les Gardiens de la révolution et les Bassidjis ? Comment est-ce possible ?

Si on met de côté les fanatiques et les corrompus – une minorité qui profite de la situation –, ils sont aussi, comme des millions de leurs concitoyens, désillusionnés. La plupart d'entre eux, comme tous les Iraniens, souffrent de la situation économique. Aujourd'hui, des généraux et des colonels de l'armée, une fois sortis de leur caserne, enchaînent avec un second emploi de chauffeur de taxi ou de livreur jusqu'au milieu de la nuit pour gagner un surplus qui dépasse de loin leur maigre salaire. Ils sont disponibles pour un changement de régime. La principale chose qui les retient, c'est la peur des règlements de compte. C'est un des grands problèmes de l'Iran, la frustration de la population qui nourrit beaucoup d'idées de vengeance. Il faut convaincre les militaires et paramilitaires que, dans leur grande majorité, ils ne pâtiront pas d'un changement de régime. Il faut donc prendre l'engagement solennel d'une amnistie générale, excepté pour quelques crimes particulièrement graves qui devront être définis très précisément afin d'isoler les grands criminels du gros des troupes.

Quand je parle d'amnistie, quand je parle d'un processus de réconciliation nationale, comme en Afrique du Sud, c'est une garantie de non-démantèlement du système qu'il faut donner aux militaires, aux fonctionnaires. Au minimum 80 % des cadres présents actuellement dans le pays resteront naturellement en place. En plus de l'amnistie, il faut aussi annoncer clairement l'abolition de la peine capitale. Je comprends que des familles de victimes souhaitent la mort du criminel qui a causé leur malheur. Mais je ne peux pas l'approuver, car pour moi tuer, c'est tuer, c'est un acte animal, indigne d'un homme civilisé. Ma position est philosophique, voire spirituelle. Je vois Dieu comme notre créateur, c'est à lui seul que doit revenir la décision de la vie et de la mort.

C'est pourquoi je suis personnellement opposé à la peine de mort. C'est une conviction personnelle, très intime. Je la défendrai de toutes mes forces face à ceux qui, dans l'opposition, ne seraient pas d'accord.

L'autre inquiétude au sein des forces armées concerne le chômage. Il ne faudrait surtout pas aboutir au même résultat qu'en Irak où les Américains, sous prétexte d'épuration, ont licencié du jour au lendemain des dizaines de milliers de militaires. Bien sûr, on ne peut pas imaginer que dans un Iran démocratique subsistent des corps paramilitaires idéologiques tels que les Gardiens de la révolution ou les Bassidjis. Toutefois il faudra proposer à leurs membres une incorporation soit dans l'armée, soit dans la gendarmerie, soit dans les forces de police. Certains pourront aussi se recycler dans le secteur privé.

Ma démarche est en rupture totale avec toutes celles dont l'Iran a souffert par le passé. Le changement ne sera pas la victoire d'un camp sur l'autre. Il naîtra d'un consensus pour tourner les pages du passé, toutes les pages, et construire ensemble un avenir meilleur pour nos enfants.

Au-delà de l'armée, avez-vous des contacts avec les sphères politiques du régime ?

De tels contacts commencent à se développer depuis quelque temps. Pas directement, mais par le biais d'intermédiaires. On me transmet des messages, pour tâter le terrain, pour voir si un dialogue, un rapprochement, sont possibles.

S'agit-il de personnalités haut placées du régime ?

Suffisamment haut placées. Des patriotes réalistes qui ne croient plus au mouvement réformateur et qui savent qu'il n'y a plus rien à espérer de ce régime.

Établissez-vous encore une distinction entre l'armée régulière et les Gardiens de la révolution ?

À l'origine, la population iranienne faisait une grande différence entre l'armée régulière et les Gardiens de la révolution. C'était flagrant pendant la guerre avec l'Irak. Quand, pour cause de rationnement, il fallait faire la queue pendant des heures avant d'obtenir une miche de pain, beaucoup s'écartaient de la file afin de laisser passer un officier de l'armée. Au contraire, lorsqu'il s'agissait de Gardiens de la révolution, on les huait, on les chassait et ils devaient partir. Alors que les militaires étaient considérés comme les défenseurs du territoire, les Gardiens de la révolution étaient perçus comme les miliciens du régime. Les choses ont quand même évolué depuis ce temps-là.

Durant la guerre, les Gardiens de la révolution ont lutté pour défendre le pays, ils ont souffert, ils sont morts pour la patrie, comme les autres. Je sais que beaucoup parmi les Gardiens de la révolution sont désillusionnés et cherchent une issue de secours. Je leur tends la main en sachant que la plupart sont victimes de ce régime. Je sais qu'ils font partie de la solution et que le moment venu ils seront avec le peuple.

Reste-t-il encore des officiers de l'armée qui vous considèrent comme leur chef alors que la plupart n'ont pas connu votre père ?

Quand je suis contacté, par des militaires comme par des civils, ce n'est jamais pour rien. Pourquoi ne s'adressent-ils pas à quelqu'un d'autre ? Je représente une continuité, une légitimité. Pourtant il faut être clair : je ne suis pas le chef des armées. Le serai-je dans le futur ? Cela dépendra du peuple iranien, c'est lui seul qui choisira sa Constitution et qui déterminera mon rôle.

Jusqu'où ira votre mansuétude ? Laisserez-vous en paix les dirigeants des Gardiens de la révolution qui pendant la guerre avec l'Irak envoyaient des enfants de douze ans exploser sur les mines irakiennes ? Et les chefs suprêmes du régime, Rafsandjani et Khamenei, recherchés par Interpol pour avoir ordonné des attentats extrêmement meurtriers en Europe et en Amérique du Sud, vous les aiderez à échapper à la justice internationale ?

La suppression de la peine de mort ne signifie pas l'absence de tout procès. Mais laissez-moi définir deux principes. D'une part, le recours à la loi ne peut être refusé à aucune victime. D'autre part, chaque accusé a droit à une défense et à un jugement équitables. Évidemment, les grands criminels devront être jugés ! On le doit aux familles des victimes. Mais il faut que cela se fasse à l'issue de procédures irréprochables. Surtout pas des tribunaux révolutionnaires ou populaires comme dans les années 80 ! Aujourd'hui, trente ans après la révolution, les islamistes entretiennent encore un tribunal révolutionnaire. C'est ridicule !

Pourrez-vous politiquement vous contenter de renvoyer quelques grands dirigeants devant un tribunal ? La question se pose toujours dans ce genre de situation.

C'est une voie difficile : elle fait appel à la raison plutôt qu'à la passion. Mais voyez-vous, moi, je crois au peuple iranien, à son intelligence, à son courage, à sa grandeur. Je ne fais pas appel à ses bas instincts mais à sa conscience. L'amnistie ne sera possible que si les Iraniens se disent : « Pour le bien du pays, pour mettre fin à un cycle de violences interminables, on renonce à la vengeance. » Je peux vous montrer une série d'e-mails que j'ai reçus d'Iran après avoir prôné cette amnistie dans une émission diffusée par satellite il y a quelques mois. Des Iraniens, qui ont perdu des

membres de leur famille et qui ont eux-mêmes été torturés, m'écrivaient : « Nous sommes prêts à faire le
sacrifice de pardonner. » Combien sont-ils à penser
ainsi ? Dieu seul le sait. Mais je veux croire à la bonne
volonté du peuple, à son optimisme, à sa confiance en
l'avenir. Cela s'est fait en Afrique du Sud. Je ne vois
pas pourquoi on ne pourrait pas le faire en Iran.
Regardez l'exemple du tribunal de Nuremberg, après
la Seconde Guerre mondiale, on a jugé seulement les
grands criminels.

*Oui, mais parallèlement au procès de Nuremberg, il y
a eu ce que l'on a appelé la « dénazification »…*

Je pense que ce n'est pas une question de quantité.
Il faut certains procès exemplaires qui permettent symboliquement une réparation pour la collectivité, pas
seulement pour les victimes directes. C'est le cas, par
exemple, avec le procès devant le TPIY du Serbe
Radovan Karadzic pour les atrocités commises par ses
troupes pendant la guerre civile en ex-Yougoslavie.

Beaucoup d'Iraniens ont été spoliés de leurs biens
au moment de la révolution. Les anciens propriétaires
pourraient revenir et réclamer leur maison. Ce serait
juste. Mais ces maisons, dont certaines ont changé plusieurs fois de mains, sont habitées aujourd'hui par des
personnes qui ne sont pour rien dans les spoliations.
Celles-là pourraient craindre un retour des exilés qui

les mettraient à la porte. Je ne veux pas que pour cette raison elles s'opposent au changement de régime. Alors, je leur dis : « Ne vous inquiétez pas, l'État se chargera de dédommager l'ancien propriétaire, et vous resterez là où vous êtes ; et dans le cas où il récupérerait son bien, c'est vous qui serez dédommagés. » C'est comme cela que l'on permettra une transition non violente. Il faut apaiser les esprits.

Au-delà de la neutralisation de l'armée et du ralliement du clergé, voyez-vous au sein de la classe politique iranienne une fraction susceptible d'engager une politique d'ouverture, de réforme et de tendre la main à l'opposition, l'équivalent d'un Frederik De Klerk en Afrique du Sud ou d'un Gorbatchev en URSS ?

C'est peu probable en Iran car c'est un régime extrêmement paranoïaque qui, au moindre doute sur quelqu'un, le neutralise aussitôt. Ceux qui pensent autrement, et il y en a, se gardent bien de sortir du bois. Il est donc peu probable qu'ils arrivent au sommet du pouvoir comme Gorbatchev en URSS. On ne peut rien exclure, mais on ne doit pas fonder trop d'espoir sur cette hypothèse improbable. En revanche, beaucoup de gens ayant perdu leurs responsabilités sont disponibles pour le changement. Je pense à tous ceux qui croyaient à la réforme tranquille, de l'intérieur : les intellectuels, les fonctionnaires, les femmes en général, les étudiants… On sait que la plupart d'entre eux sont complètement désillusionnés, sans perspective, sans stratégie. Nous leur offrons une porte de sortie.

Avez-vous l'impression que les responsables politiques occidentaux ignorent la réalité iranienne ?

Dans les années 70, l'Occident était extrêmement critique à l'égard de mon père. Votre presse ne laissait rien passer : les prisonniers politiques, la Savak, les tortures. Avec le recul, nous savons que ces critiques étaient exagérées, même si, je vous le répète, il y avait des manquements inacceptables en matière de droits de l'homme. Mais quand le régime islamique s'est installé et a commis dix fois, cent fois plus de crimes, d'horreurs, on n'a guère entendu la BBC, le *New York Times*, *Le Figaro* ou *Le Monde*.

Ça fait partie de l'histoire ancienne, on l'a vue, on l'a subie. L'opposition, en plus de ses propres erreurs, a beaucoup souffert de cette indifférence de l'Occident. Cependant, depuis quelques années, je dois reconnaître que l'Europe se montre beaucoup plus sensible à notre drame. Mais cela ne veut pas dire que les Européens ou les Américains comprennent parfaitement la complexité de la réalité iranienne.

Vous souhaitez établir la structure unifiée de l'opposition iranienne en France. Quelles sont les raisons pour lesquelles l'opposition devrait s'exprimer aujourd'hui depuis Paris plutôt que de Rome, Berlin ou Ankara ?

Je ne veux pas minimiser l'importance des autres pays, mais la France est un pays central en Europe. Et il y a surtout l'aspect historique : la France est la patrie des libertés et des droits de l'homme, elle occupe une place particulière dans l'imaginaire iranien. Beaucoup de nos intellectuels sont francophones. De plus, elle a une politique étrangère indépendante et équilibrée. Quant à moi, je connais la mentalité française, je suis souvent en France. Enfin, j'ai une réelle sympathie pour votre pays et je connais votre culture.

Étant donné votre proximité historique et vos liens avec la Turquie et l'Égypte, pourquoi ne pas envisager de vous installer là-bas plutôt qu'en France, qui est plus éloignée géographiquement et culturellement de l'Iran ?

Notre stratégie, fondée sur la désobéissance civile, ne peut réussir sans un appui de la communauté internationale. Et c'est l'Europe actuellement qui me semble la plus apte à nous apporter ce soutien. C'est là que je dois être pour des rencontres avec le Parlement européen, les parlements nationaux et avec les mouvements de soutien en France, en Allemagne, au Royaume-Uni, en Italie, en Espagne. Ces pays possèdent de plus fortes traditions de lutte antifasciste et de solidarité internationale. Et puis, la plupart des opposants actifs sont en Europe. La communication et le dialogue avec les groupes d'opposants y sont plus faciles.

Je ne sais pas si des pressions diplomatiques de l'Iran pourraient forcer certains gouvernements à restreindre ma liberté d'action sur leur territoire. Jusqu'à présent, la France, quel que soit son gouvernement, ne m'a jamais fait barrage. En tout cas, c'est le pays où je me sens le plus à l'aise. Je connais bien votre langue, c'est une tradition dans ma famille puisque mon grand-père maternel a étudié à Saint-Cyr. Et puis, j'y compte beaucoup de relations parmi les hommes politiques, les intellectuels, les journalistes. Et c'est là, je pense, que je pourrai travailler utilement. À un certain stade du développement de notre mouvement, la question se posera pour moi, non plus de se rapprocher mais de retourner en Iran.

Avant la chute du régime ?

Oui, bien sûr, il faudra qu'à un moment donné l'opposition s'affirme sur le sol national. J'espère pouvoir retourner dans le pays avec évidemment un certain appui logistique. Dès que je pourrai assurer, même symboliquement, la présence d'un pouvoir démocratique en Iran, des pans entiers des forces armées, y compris des Gardiens de la révolution, pourront nous rejoindre.

Les États-Unis ne sont-ils pas plus populaires que la France aujourd'hui en Iran ?

Les États-Unis sont très populaires, c'est vrai. Mais les Européens et les Français en particulier ont une meilleure connaissance et une plus grande proximité culturelle avec l'Iran.

Personnellement, êtes-vous prêt à venir vous installer en France avec votre famille ?

Bien sûr. C'est un vrai choix. Mes filles sont scolarisées aux États-Unis, ce ne sera pas facile pour elles. Mais s'il le faut… En attendant je peux avoir un pied-à-terre à Paris et laisser ma famille aux États-Unis. De toute façon, nous espérons déménager définitivement le plus tôt possible, mais ce sera pour retourner en Iran.

L'équipe Sarkozy-Kouchner vous semble-t-elle plus favorable à votre cause que ses prédécesseurs ?

Par comparaison, certainement. Le gouvernement actuel me paraît plus sensible à une problématique anti-totalitaire. Il n'a pas non plus l'obsession de se différencier des Américains. J'espère qu'il donnera sa chance à l'option démocratique et non violente que je propose.

Quels reproches faites-vous au gouvernement français pour le passé ?

Je dois dire tout d'abord que j'éprouve une extrême reconnaissance envers les différents gouvernements français qui nous ont permis à ma famille et à moi-même de nous déplacer, d'habiter et de mener nos activités dans votre pays. On a toujours été très correct et très cordial avec moi, on ne m'a jamais imposé de restriction.

Cependant à la suite des attentats des années 80, certains gouvernements ont décidé hélas d'avoir une politique plus conciliante envers la République islamique. Entre 1981 et 1984, j'habitais au Maroc, je faisais souvent des aller-retour en Europe, comme aujourd'hui, pour des entrevues avec mes concitoyens, avec les membres de l'opposition. Nous nous demandions pourquoi cet Occident qui s'indignait à la moindre goutte de sang versée en Iran avant la révolution était devenu complètement muet. Je ne dis pas cela pour excuser ce qui se passait sous l'ancien régime. Il n'y a pourtant aucune comparaison possible avec la cruauté et l'ampleur de la répression de la République islamique.

Les gouvernements européens ont longtemps privilégié l'affairisme dans leurs relations avec l'Iran. Ce fut une politique dangereuse et à courte vue. Mais depuis quelque temps, grâce à une meilleure connaissance de la vraie nature de ce régime, les choses ont beaucoup changé. Je m'en félicite.

Dans les années 80, vous avez connu un sérieux problème avec l'Allemagne !

Oui, c'était en 1985 ou 1986. Je devais me rendre à Cologne pour prononcer un discours devant environ huit mille personnes rassemblées dans un stade. Le ministère allemand des Affaires étrangères et les services de sécurité étaient informés de mon planning. Avant d'aller à Cologne, j'étais passé par Londres pour y rencontrer des groupes d'opposants iraniens.

C'est là, dans mon hôtel, à la veille de mon départ, que l'ambassade de la République fédérale d'Allemagne m'a informé par téléphone que l'accès au territoire allemand m'était interdit. J'ai dit à mon interlocuteur de l'ambassade : « Je ne comprends pas, mon passeport est en règle, les autorités sont au courant, je suis attendu… » Il m'a répondu : « Oui, nous savons tout cela, mais le gouvernement vous considère désormais comme *persona non grata.* » J'ai aussitôt contacté mon représentant qui avait négocié ma venue avec les autorités allemandes. Je lui ai expliqué la situation. Certains me conseillaient d'aller quand même jusqu'à la frontière pour me faire refouler afin de dénoncer le scandale. J'ai refusé de jouer ce jeu absurde.

Finalement, la réunion s'est tenue en mon absence dans le stade où mon message a été retransmis par téléphone. Que s'était-il passé ? Je sais que quelques jours auparavant, Hans Dietrich Genscher, le ministre allemand des Affaires étrangères, était rentré d'un voyage à Téhéran. A-t-il subi des pressions de la part du régime islamique ? J'étais en tout cas très déçu qu'un grand pays démocratique accepte que je sois mis sur liste noire par un régime totalitaire. Nous nous sommes alors demandé où étaient passées les valeurs des Lumières dont parle toujours l'Occident ?

Mais bon, c'est le passé et heureusement les choses ont changé. Je ne conteste pas l'existence de relations diplomatiques entre les gouvernements étrangers et le régime islamique. Jusqu'à présent, j'ai refusé de former un gouvernement en exil car je ne trouvais pas réaliste d'exiger de nos partenaires qu'ils choisissent entre deux légitimités. Mais aujourd'hui, je leur demande de ne pas dialoguer seulement avec les représentants du régime, mais également avec l'opposition démocratique.

Vous faites preuve de beaucoup d'optimisme ! Ne risquez-vous pas de heurter une certaine mentalité iranienne, véhiculée par l'islam chiite, qui est tournée vers le passé, vers les morts, vers les martyrs ? Ne faut-il pas aussi un changement religieux ou culturel pour favoriser le changement politique ?

Ce n'est pas de l'optimisme, c'est simplement du réalisme. Après trente ans d'oppression, les nouvelles générations se détournent totalement de la mentalité que vous décrivez et veulent vivre librement. Je vous assure qu'aujourd'hui, dans la société iranienne, les mentalités évoluent. Il faut maintenant que le changement politique intervienne aussi afin que nos institutions soient en phase avec notre peuple. C'est le sens de l'histoire.

Mais justement, la modernité, votre père a tenté de l'imposer aux Iraniens. Et la greffe a été rejetée...

À cette époque, dans les années 60-70, nous avons voulu aller trop vite, en oubliant que si les citoyens ne sont pas associés étroitement à un changement, il est normal qu'ils le rejettent. Sur le moment, on ne voit pas les choses ainsi. C'est avec le recul que l'on peut comprendre les erreurs. Je ne me mets pas en position d'historien mais nous devons tirer les leçons du passé, le plus objectivement possible. Sans complaisance aucune. Je refuse de penser que « l'histoire se répète » indéfiniment. Chaque époque est différente, les circonstances, les données changent, tout change. Donc, l'avenir que je propose aux Iraniens sera très différent du passé et du présent. Il ne suffit pas de moderniser les infrastructures, il faut aussi moderniser les mentalités. C'est par l'accès du plus grand nombre à l'éducation et à la culture qu'une société peut évoluer.

Mon père en était conscient. Son erreur a été de penser le développement économique comme un préalable à la démocratie. On ne doit jamais poser de préalable à la démocratie ! Mais le changement politique doit s'accompagner d'un changement culturel. C'est l'éducation qui est la clé de tout. C'est là qu'il faudra investir massivement.

8

Un projet pour l'Iran

Tout ce qui a été fait depuis trente ans est-il négatif ? Voyez-vous des réalisations positives qu'il faudrait garder ?

Globalement, le bilan du régime est catastrophique, c'est un système mafieux reposant sur la corruption, mal géré qui plus est. Cela n'empêche pas que des personnes compétentes, bien qu'étouffées par le système, aient pu réaliser ici ou là de bonnes choses. Il faut voir au cas par cas.

En matière économique, dans une situation certainement pire que vous ne l'imaginez, quelles seront vos priorités ?

Aujourd'hui, l'économie du pays se trouve dans une situation catastrophique. L'Iran souffre d'une inflation galopante (plus de 30 % par an), d'un chômage de masse touchant particulièrement les jeunes (même les diplômés), de sous-investissement dans les infrastructures vitales pour le pays, d'un déficit croissant de la balance commerciale. Ces difficultés s'expliquent d'abord par des choix aberrants en matière de politique économique dictés par des idéologies marxiste et islamique qui ont conduit à créer une économie étatique. Au-delà, c'est la politique globale de ce régime qui a eu pour conséquence d'isoler l'Iran du reste du monde et empêche notre peuple de bénéficier des bienfaits de la mondialisation. En effet, à cause des risques politiques, les investisseurs étrangers ignorent notre pays. Du fait du comportement du régime en matière de soutien au terrorisme et de prolifération nucléaire, il ne peut adhérer à l'Organisation mondiale du commerce alors qu'il y aurait toute sa place.

L'Iran, une fois libéré de la chape de plomb actuelle, deviendra un pays particulièrement attractif pour les investisseurs étrangers. N'oubliez pas qu'il n'est pas seulement riche de ses réserves en pétrole et en gaz, mais c'est un grand pays de soixante-dix millions d'habitants dont la plupart possèdent un bon niveau d'éducation. Dans beaucoup de domaines, comme par exemple le tourisme ou les technologies de l'information et de la communication, l'Iran a un fort potentiel de croissance largement sous-exploité, à cause de la mauvaise gouvernance, de l'absence d'État de droit et d'une législation peu accueillante envers les investisseurs étrangers.

Beaucoup d'Iraniens exilés occupent aujourd'hui des fonctions managériales de haut niveau dans le secteur privé. Ils peuvent faciliter les investissements de leur entreprise en Iran. D'une manière générale, il faudra libéraliser l'économie. Le secteur privé, coincé entre le secteur public et les coopératives publiques, ne représente que 20 % du PIB. Il faut une fois pour toutes sortir de l'économie-pétrole fondée principalement sur la production et l'exportation de l'or noir et dont les revenus ne sont quasiment pas réinvestis dans l'économie iranienne. Cela pourra se faire grâce à l'ouverture sur le monde. Regardez la Turquie, elle a su se développer sans pétrole ni gaz. Nous pouvons faire aussi bien, d'autant plus qu'avant la révolution nous avions un niveau de développement supérieur. Nos entrepreneurs sont capables d'être compétitifs au niveau international. Mais pour cela ils ont besoin d'un cadre juridique et financier adéquat, de règles claires et d'une réelle ouverture sur le monde. C'est ainsi que nous deviendrons producteurs et exportateurs de biens et de services, c'est ainsi que nous pourrons créer massivement des emplois, c'est ainsi que nous augmenterons notre richesse et le niveau de vie de nos citoyens.

Je suis convaincu que le peuple iranien est très largement favorable à cette politique d'ouverture sur le monde. Mais attention, je parle d'ouverture et de capitalisme, pas de libéralisation totale de l'économie. Notre peuple a également droit à une réelle protection sociale. C'est indispensable. De même, l'État devra assumer ses responsabilités dans la reconstruction des infrastructures et surtout il devra largement investir dans trois domaines qui me semblent prioritaires : l'éducation, les transports et les communications.

Si nous travaillons efficacement, si le secteur privé obtient la liberté nécessaire à son expansion et si nous réussissons notre politique d'ouverture, les recettes dégagées des exportations de nos ressources naturelles devraient permettre de financer ces investissements pour les générations à venir et non plus de financer les dépenses courantes de l'État, comme aujourd'hui.

Mais je le répète, ces réformes, cette ouverture ne pourront se faire dans le cadre de ce régime. Les Iraniens le savent. Pour réussir cette nouvelle politique, il est indispensable d'inspirer la confiance, c'est pourquoi il faudra, demain, combattre avec force et détermination toute forme de corruption. Pour cela, l'indépendance de la justice, qui devra disposer de suffisamment de moyens, est un élément fondamental.

Et en matière sociale ?

Nous ne pourrons pas créer une économie moderne sans faire un effort considérable en matière sociale. L'économie ne peut pas repartir si les travailleurs ne bénéficient pas d'un minimum de sécurité. Dans ce genre de situation, certains chantiers ne peuvent pas produire d'effet avant plusieurs années : construction d'infrastructures ou réforme du système éducatif. En même temps, il faut comprendre qu'après trente ans d'islamisme et de privation, notre peuple aura besoin de percevoir rapidement des changements et des améliorations.

Il faudra donc prendre rapidement des mesures qui symbolisent la rupture avec le régime islamique. Par exemple, une distribution équitable du budget de l'État entre les provinces alors qu'aujourd'hui certaines sont plus favorisées que d'autres. Il faudra aussi couper immédiatement les vivres aux groupes terroristes. Tout cet argent dépensé pour semer la mort aux quatre coins du monde sera aussitôt réinvesti dans notre économie. Les Iraniens verront la différence. Aujourd'hui, les jeunes sont découragés de lancer de nouvelles entreprises. Chaque projet se heurte à des mafias qui bloquent les autorisations et prélèvent de l'argent pour leur propre compte. Dès que ce système sera démantelé, on verra se multiplier les projets, les innovations, les entreprises…

Les subventions n'ayant d'autre but que de maintenir les prix artificiellement bas et d'enrichir certains au sein du pouvoir devront être réorientées vers l'éducation et la santé. Les problèmes économiques de l'Iran sont dus essentiellement aux carcans politiques imposés par les mollahs. Le nouveau pouvoir ne fera pas de miracles mais il créera un climat de confiance qui déclenchera un cercle vertueux.

L'avenir se jouera aussi sur le terrain de l'éducation. C'est l'élément clé pour préparer la prochaine génération à se confronter aux nouvelles réalités du monde. Et là, le chantier est immense. Dans un pays comme l'Iran, il faudrait faire accéder un maximum de jeunes à l'université comme cela se fait dans vos pays. Mais quelle université ? La nôtre était très bonne avant la révolution. Elle a été détruite. Les meilleurs professeurs ont été tués, emprisonnés ou se sont enfuis. Aujourd'hui les enseignants laïques sont systématiquement écartés. On a « islamisé » les programmes, c'est-à-dire qu'on les a remplacés par une bouillie idéologique avec une « science islamique », une « économie islamique », une « histoire islamique »…

À propos du pétrole, quelles mesures concrètes prendrez-vous pour que la manne financière qu'il dégage soit réinvestie dans l'économie iranienne ?

Il est primordial que progressivement notre économie devienne moins dépendante du pétrole. Nous devons en diminuer la consommation intérieure. Pour satisfaire nos besoins énergétiques, nous devrons alors développer les énergies alternatives. Ainsi, en consommant moins, nous pourrons accroître nos exportations de pétrole et développer notre industrie pétrochimique. Les revenus supplémentaires provenant de la hausse de nos exportations pourront financer des investissements dans les infrastructures, l'éducation et la protection sociale. N'oublions pas qu'environ 40 % de la population iranienne vit aujourd'hui en dessous du seuil de pauvreté.

La question des énergies alternatives se posait déjà à l'époque de mon père. Il avait lancé le programme nucléaire, civil évidemment, et demandé d'étudier les forces thermiques, l'énergie solaire, les éoliennes, sans oublier le gaz… L'Iran pouvait déjà développer toutes ces énergies. Mais à cette époque les technologies pour les mettre en œuvre étaient trop coûteuses, excepté pour le nucléaire. Aujourd'hui, l'après-pétrole a commencé. Malheureusement, personne n'y pense à Téhéran. C'est dommage car l'Iran possède un potentiel de production et d'exportation d'énergie solaire gigantesque. Je suis sûr que l'on trouverait des partenaires capables d'investir pour développer ces nouvelles industries. Il faudrait suivre l'exemple du Brésil qui a su utiliser les revenus du pétrole pour assurer plus d'autonomie à son économie.

Pour revenir au pétrole, à court terme, il est urgent d'augmenter les capacités de raffinage pour assurer nos besoins en essence. C'est incroyable mais l'Iran, grand producteur de pétrole, importe près de la moitié de son essence, faute d'avoir réalisé les investissements nécessaires pour avoir des raffineries en état de fonctionnement depuis trente ans. De même, le gaz n'est pas encore suffisamment exploité. Une fois que l'Iran sera doté d'un régime transparent et responsable, avec son grand marché de soixante-dix millions d'habitants, on peut espérer un boom économique, une « ruée vers l'Iran ».

Êtes-vous préoccupé par les fortes variations des prix du pétrole ?

Les tarifs pétroliers ont toujours évolué de manière cyclique. Avec la crise économique mondiale, il est normal que les prix baissent. D'ailleurs, je pense que la forte hausse du début de l'année 2008 s'explique plus par la spéculation que par les fondamentaux du marché.

D'une manière générale, les pays exportateurs de pétrole n'ont pas intérêt à une trop forte hausse des prix, car si, à court terme, elle permet d'augmenter leurs revenus, à moyen terme c'est une autre affaire ; le pétrole cher incitera les pays industriels à accélérer la diversification de leurs sources d'énergie, entamée sous la pression des défenseurs de l'environnement. Cette émulation conduira ensuite à une baisse durable de la consommation et des tarifs pétroliers.

L'Iran abrite la plus importante communauté juive existant dans un pays musulman. Ils sont encore plus de vingt mille qui peuvent pratiquer plus ou moins librement leur religion. Acceptez-vous de mettre au crédit du régime la situation des Juifs d'Iran, bien meilleure que dans les pays arabes voisins d'où les Juifs ont quasiment disparu ?

Allez poser cette question aux Juifs iraniens qui sont éparpillés un peu partout dans le monde. Si les Juifs en Iran étaient bien traités, comment expliquer que tant d'entre eux se soient exilés ? Ceux qui restent servent en quelque sorte d'otages. Le régime veut les garder comme moyen de pression sur la communauté juive mondiale et sur Israël. En cas de crise très grave, ils pourraient servir de boucliers humains.

Qu'est-ce qui vous permet de penser que les Juifs iraniens pourraient servir de boucliers humains ?

Pour quelle autre raison les garderaient-ils ? Vous pensez vraiment que ce régime respecte les Juifs ? Vous savez très bien que la communauté juive iranienne est totalement sous le contrôle du pouvoir islamique. Quand je parle aux Juifs iraniens de l'étranger, ils ne cachent pas leurs craintes pour leur famille restée là-bas. Pour cette raison, ils sont souvent réticents à s'engager publiquement contre le régime. N'oublions pas qu'actuellement en Iran toutes les religions sont persécutées : les

Juifs, les chrétiens, les zoroastriens, les Baha'is dont les cimetières sont démolis au bulldozer et même les sunnites, oui même des musulmans sont persécutés par ce régime qui se réclame de l'islam ! C'était complètement différent avant la révolution.

L'Iran a toujours été une terre d'accueil. Pendant la Seconde Guerre mondiale, des milliers de Juifs polonais, fuyant les persécutions nazies, ont trouvé refuge en Iran. Beaucoup y sont restés. Savez-vous que de nombreuses familles d'origine polonaise habitent aujourd'hui en Iran ? Une de mes meilleures amies, l'épouse d'un camarade d'école, est à moitié polonaise. Je tiens à ajouter que, pendant la Seconde Guerre mondiale, l'ambassade d'Iran en France a sauvé plus de mille Juifs menacés de déportation. Une épopée extraordinaire à laquelle même la télévision iranienne a consacré un téléfilm il y a deux ans. Mon grand-père Reza Shah a ouvert une ère de grande tolérance pour toutes les minorités religieuses.

Bien avant que M. Khatami ait lancé son prétendu « dialogue des civilisations », mon père, lui, a voulu surmonter les incompréhensions entre religions. Durant les fêtes de Persépolis, une conférence sans précédent a réuni en Iran des représentants de toutes les religions.

Les persécutions contre les Baha'is ont pourtant commencé bien avant la République islamique. Votre père

*et votre grand-père ne portent-ils pas une responsabi-
lité dans ces persécutions ?*

À l'époque, il existait une hostilité très forte de la part du clergé à l'encontre des Baha'is mais il n'y avait pas de persécution d'État. Au contraire, beaucoup de mollahs accusaient le régime de faire la part trop belle aux Baha'is. Il m'arrive d'être interpellé par des Iraniens appartenant à des minorités religieuses, y compris des Baha'is. À chaque fois, ils se rappellent avec émotion l'esprit de tolérance de mon père. Autant on peut lui reprocher l'absence de libertés politiques, autant chacun reconnaît qu'il respectait les libertés religieuses.

Comment expliquez-vous l'obsession des islamistes à l'égard des femmes, le fait par exemple que dans le Code pénal iranien une femme vaille la moitié d'un homme ?

Pourquoi pensez-vous que nous combattons ce régime ? Parce qu'il est l'antithèse de tout ce à quoi nous croyons. Sous la République islamique, les femmes n'ont pas le même droit à l'héritage que les hommes. En cas de décès d'un père de famille, la part d'héritage de la fille est moitié moindre que celle de son frère. Un homme a le droit d'épouser plusieurs femmes. Dans une procédure judiciaire, le témoignage d'un homme vaut celui de deux femmes. Si un homme politique occidental juge ceci acceptable et compatible avec son idée de la « démocratie » et des droits de l'homme, là je ne sais plus quoi vous dire !

Êtes-vous partisan du droit à l'avortement ?

En tout domaine, ma position de principe est d'être pour la liberté de choix. Comment peut-on croire qu'un gouvernement puisse faire la morale ? Cela relève de la conscience individuelle. Cela ne veut pas dire que, personnellement, je préconiserais l'avortement à une femme qui me demanderait conseil. Il y a souvent d'autres options possibles. Je crois au caractère sacré de la vie, mais je n'irais pas obliger autrui à adopter mon point de vue. Ce n'est pas à moi de décider. Pourquoi pensez-vous que je suis hostile à la peine capitale ? Qui a le droit de vivre et qui n'en a pas le droit ? Demain, dans un Iran démocratique, ces questions devront être tranchées par le Parlement.

Êtes-vous prêt à vous engager publiquement contre la persécution des homosexuels en Iran ?

Évidemment ! Depuis trente ans, des milliers d'homosexuels ont été emprisonnés, torturés ou exécutés par ce régime obscurantiste qui prétend gouverner au nom de Dieu. C'est inadmissible. Personne ne doit être menacé pour sa différence. Je me bats pour un Iran dans lequel chaque citoyen, quelle que soit son orientation sexuelle, quelle que soit sa religion, quelles que soient ses opinions, puisse bénéficier de la protection de la loi.

Si on croit comme moi à la Déclaration universelle des droits de l'homme, il est intolérable qu'une personne soit discriminée ou maltraitée à cause de son orientation sexuelle. Là aussi, l'État n'a pas à faire la morale.

La drogue représente aujourd'hui le principal fléau social en Iran. Des millions de personnes sont concernées. Comment un pouvoir démocratique pourra-t-il faire face ? Répression, soins, interdiction, vente libre de la drogue ?

Il faudra d'abord lutter contre le trafic. C'est une tâche difficile car il y a plusieurs sources d'approvisionnement ! L'un de nos voisins, l'Afghanistan, est le premier producteur mondial d'opium. L'Iran, lui-même producteur d'opium, se trouve juste sur un des axes majeurs du marché de la drogue, de l'Orient vers l'Occident. L'Iran est hélas un grand consommateur d'héroïne et d'opium. En plus, la vente de drogue au marché noir assure un revenu à certains représentants du régime. C'est choquant mais c'est la triste vérité.

Le régime prétend lutter contre le trafic et la consommation de drogue, mais en réalité tout est fait pour inciter les Iraniens à se droguer. Pensez donc : un paquet de cigarettes est plus cher qu'une dose d'héroïne ! Cette situation arrange le régime islamique car les drogués forment une population démunie et apathique qui ne cherchera pas à se révolter. L'Iran démocratique devra organiser la prise en charge de tous les drogués et leur proposer une cure de désintoxication. Cela ne se fera pas en un jour. Il faudra créer suffisamment d'infrastructures, éduquer la population, combattre les trafiquants, etc. Cela dépend d'une politique globale de la santé… On ne peut pas séparer la lutte contre la drogue et celle contre le sida, qui posent toutes deux la question de la protection sociale. Le peuple iranien est malade, physiquement, après trente ans d'islamisme. Des maladies comme la malaria et le choléra, éradiquées dans les années 70, sont revenues à Téhéran même.

Bien entendu, la question est en partie économique. La drogue sert de refuge à des jeunes qui ont sombré dans le désœuvrement et le désespoir. J'ai longuement parlé à des drogués, à des prostituées. Ils répondent tous : « On n'a plus d'espoir, on est perdu, nos familles nous abandonnent, on ne sait plus où aller, où nous abriter. On est des parias. » C'est triste mais c'est la réalité.

Cette question est prioritaire. C'est l'avenir de notre jeunesse qui est en jeu. Dans ce domaine nous avons besoin d'une véritable politique sociale qui se donne les moyens de venir en aide à toutes ces victimes. Mais au-delà il est primordial de mettre en place une politique de réinsertion sociale et économique. Il faudra montrer à toutes ces victimes que l'espoir devient réel et que l'Iran de demain ne les abandonnera pas.

Et la prostitution ?

Il y a aussi le trafic de jeunes Iraniennes qui terminent dans des maisons closes des pays voisins ou plus lointains. Pour vous citer un triste exemple, après le tremblement de terre de Bam, en 2003, beaucoup de gamines de douze-treize ans, la plupart orphelines, ont été contraintes à se prostituer dans certains pays du golfe Persique. C'est la misère qui alimente la prostitution. Combien de fois ai-je entendu l'histoire d'un mari assis dans une pièce à côté, attendant que sa femme termine avec un client pour qu'ils puissent payer le loyer ? Telle est la morale offerte par la République islamique, eux qui dénoncent l'ancien régime comme corrompu, eux qui pourfendent la prétendue décadence occidentale, eux pour qui toute femme ne portant pas le voile est une prostituée…

Grâce au pétrole, ce régime a eu accès à des revenus cinq fois supérieurs à ceux dont l'Iran disposait avant la révolution. Cinq fois plus ! Qu'en ont-ils fait ? Où va cet argent ? Tous ces milliards sont dépensés par le régime pour payer sa campagne d'exportation de la révolution. Ils envoient 10 000 dollars aux familles des

« martyrs » du Hezbollah. Dix mille dollars, cela représente entre trois et quatre ans de salaire d'un ouvrier en Iran. Cet argent pourrait être investi en Iran pour créer des emplois afin de lutter contre la pauvreté qui engendre tous ces maux.

Quel statut souhaitez-vous accorder aux minorités nationales, les Kurdes par exemple : l'autonomie ? l'indépendance ?

J'ai longuement discuté de ce sujet avec des représentants de différentes communautés. Ma position de principe est claire : quels que soient nos points d'accord, nous ne sommes pas mandatés pour aller au-delà de propositions que seul le peuple pourra trancher par la voie parlementaire. Il en va de l'unité de l'Iran. Je mets aussi en garde ces groupes contre la revendication d'un État fédéral dont ils sont partisans dans leur très grande majorité. Je leur dis que s'ils insistent trop sur cette perspective, ils risquent de se compliquer la tâche. Le régime et les ultranationalistes risquent de les accuser d'être des séparatistes. Je fais confiance à la grande majorité des représentants des différentes minorités. Je sais qu'ils ne souhaitent pas l'éclatement du pays. C'est pourquoi je leur dis : « Ne dissociez pas la question des communautés du combat pour la démocratie, c'est seulement dans ce cadre que l'on pourra régler le problème. »

Personnellement, je suis favorable à une large auto-nomie dans le cadre d'une décentralisation. La centralisation était nécessaire au temps de mon grand-père pour jeter les bases d'une administration et d'un État, alors totalement inexistants. Aujourd'hui, le gouvernement central doit exercer quelques fonctions régaliennes : la régulation de la politique économique et la distribution équitable des richesses à l'échelle nationale, la politique étrangère, le maintien de l'ordre à l'intérieur des frontières et la défense nationale. À cela j'ajoute une politique nationale en matière d'éducation et de santé garantissant un standard minimum à chaque citoyen sur l'ensemble du territoire. Le reste peut être géré par les provinces. On peut envisager des parlements et même des gouvernements provinciaux. Mais il faut bien marquer la limite qui sépare l'autonomie de l'indépendance. Il faut réaffirmer une fois pour toutes l'unité de la nation iranienne. Il n'y a qu'une seule nation, dont font partie plusieurs communautés ethniques et religieuses.

Nous avons une langue commune, le persan. Si aujourd'hui je veux parler avec un Iranien, azéri, kurde, arabe ou baloutche, on se comprend dans une seule langue. Cela dit, en dehors de la langue persane, chacun doit pouvoir transmettre à ses enfants sa langue maternelle et ses traditions culturelles. L'enseignement de ces langues peut être dispensé, non seulement dans les provinces concernées, mais aussi partout où il est demandé. Il est normal que toutes nos communautés puissent disposer de stations de radio, de télévision, de journaux dans leur langue. Je suis fier de notre diversité, notamment culturelle. C'est notre richesse nationale. Nous avons une identité nationale en tant qu'Iraniens, mais elle est plurielle.

9

Islamisme et terrorisme

Le renversement de Saddam Hussein représente-t-il une bonne chose pour la région ou complique-t-il encore plus la tâche pour un changement démocratique en Iran ?

Quand les Américains sont intervenus en Irak, beaucoup d'Iraniens, à l'intérieur du pays, pensaient que notre tour allait bientôt venir. Ils disaient : « On est prêts aussi à subir des bombardements, pourvu qu'ils entraînent la chute du régime. »

Personnellement, je le répète, je suis tout à fait hostile par principe aux interventions militaires. Je pense que les Iraniens, s'ils sont correctement soutenus, peuvent se libérer par eux-mêmes. C'est vrai que, dans un premier temps, le régime islamique a pris peur. De crainte d'une invasion américaine, les mollahs étaient prêts à reculer sur le nucléaire. Mais les États-Unis ont laissé passer ce moment où ils auraient pu poser des conditions au régime en termes de droits de l'homme et l'affaiblir. Voyant qu'elle ne risquait rien, la République islamique a pris l'offensive en commençant à déstabiliser l'Irak de l'intérieur par le soutien au terrorisme.

Vous avez donc perçu favorablement l'intervention américaine ?

Non, je n'ai pas dit cela. Une fois qu'elle s'est produite, j'en ai espéré des conséquences positives. Mais avant, j'étais plus que dubitatif. Je n'ai jamais compris pourquoi on s'est attaqué à l'Irak. Cela ne veut pas dire que je justifie en quoi que ce soit le régime de Saddam Hussein.

Je pense que le principal facteur de déstabilisation depuis trente ans dans cette région, ce n'était pas Saddam Hussein mais le régime islamique. Si l'Iran n'avait pas basculé, en février 1979, l'Union soviétique aurait-elle attaqué l'Afghanistan au mois de décembre de la même année ? La guerre Iran-Irak aurait-elle eu lieu ? C'est peu probable.

Mon père, au milieu des années 70, a souvent mis en garde les Occidentaux contre les conséquences d'un renversement de son régime. Il avait aussi fait allusion à l'Afghanistan. Mais personne à ce moment-là n'y a accordé d'importance. Cela étant dit, le renversement de Saddam Hussein fut-il une bonne chose ? Les Américains l'ont justifié par la lutte contre le terrorisme. Cette motivation était compréhensible au lendemain du 11-Septembre. Mais très vite, à mon avis, cette lutte contre le terrorisme s'est transformée en lutte contre les terroristes. C'est un peu comme prendre une bombe d'insecticide et courir après chaque moustique dans chaque coin. Vous vous épuiseriez très vite. Ne vaudrait-il pas mieux assécher le marécage où s'abreuvent tous ces moustiques ? Or le marécage du terrorisme au Moyen-Orient, c'est la République islamique, et il n'a pas été asséché.

Ce n'est quand même pas l'Iran qui a créé Ben Laden.

Ben Laden est un épiphénomène de la Révolution islamique iranienne. Sans elle, les Soviétiques n'auraient certainement jamais envahi l'Afghanistan. Il y a eu ensuite des effets en chaîne dont Ben Laden n'est qu'un avatar. Dans le traitement d'une maladie, on suscite parfois des effets secondaires. Disons que les Américains ont suscité Ben Laden. Que penseriez-vous d'un médecin qui, au lieu d'opérer un malade d'une tumeur au ventre, lui enlève un orteil ? La tumeur, c'est la République islamique.

La République islamique est-elle responsable, pour l'essentiel, de la déstabilisation en Irak et des attentats qui y sont commis depuis quatre ans ?

C'est une évidence absolument incontestable. Faites une enquête, vous verrez quelles sont les armes utilisées, leurs numéros de série, les réseaux qui les font entrer en Irak, les munitions, l'argent et même l'identité de certains terroristes. Tout cela est *made in Islamic Republic*. Les Irakiens eux-mêmes en témoignent. Les dirigeants de pays voisins, comme la Jordanie, en sont conscients. Quand on parle de l'armée d'Al-Qods, cette unité d'élite des Gardiens de la révolution qui serait responsable des attentats en Irak, on se pose des questions. Qui la dirige ? Qui l'alimente ?

Regardez Hamid Karzaï, le président d'Afghanistan, réduit au rôle d'un maire de Kaboul, qui ne peut se déplacer en sécurité loin de sa capitale. Regardez les talibans qui ont pris en main la région d'Herat, près de la frontière iranienne, et le Hezbollah qui est si puissant au Liban. Partout où il y a des crises dans cette région, vous trouverez la main du régime de Téhéran…

Pas derrière les talibans, quand même ! On les a long-temps considérés comme les ennemis des mollahs iraniens. Après le 11-Septembre, la République islamique a même collaboré avec les États-Unis contre Al-Qaïda. Et en Irak, les milices chiites s'opposent à Al-Qaïda…

Dans un premier temps, le renversement des talibans et celui de Saddam Hussein ont représenté deux magnifiques cadeaux pour le régime iranien qui, sans tirer un coup de feu, s'est trouvé débarrassé de ses deux rivaux dans la région. Sans le vouloir, on a renforcé la position de la République islamique. Dans un deuxième temps, elle en a profité en aidant les adversaires des Occidentaux, non parce qu'ils seraient devenus ses amis mais parce qu'ils sont vos ennemis. Les mollahs iraniens sont tellement cyniques qu'en Irak ils ont même fomenté des attentats contre des chiites.

Les difficultés rencontrées par les Américains en Irak n'incitent-elles pas finalement à craindre les conséquences déstabilisatrices d'un renversement des mollahs en Iran ?

On ne peut pas comparer l'Iran avec l'Irak. L'Iran est un pays riche de trois millénaires d'histoire et de civilisation. Notre identité nationale est ancienne. Les Iraniens ont vécu toute une évolution qui a permis l'émergence d'une société civile. La révolution constitutionaliste de 1906 a fait de l'Iran le premier pays de la région à adopter un système démocratique parlementaire. Nous avons connu des échecs, des reculs, mais l'Iran garde une avance sur presque tous les pays de la région. Si j'ose faire le parallèle : comme l'Europe, au sortir de l'Inquisition, nous allons connaître bientôt la Renaissance, qui permettra l'éclosion d'une société moderne et démocratique, grâce à l'expérience que les Iraniens ont acquise au temps de l'intolérance religieuse. En Irak, personne n'avait sérieusement préparé l'après-Saddam Hussein. Cela ne doit pas se produire en Iran. C'est pour cela que nous travaillons à construire un projet politique sérieux, approfondi et transparent.

Pensez-vous qu'avant d'intervenir en Irak, les Américains auraient pu être manipulés d'une certaine manière par l'Iran via des éléments chiites tel Ahmad Chalabi qui leur auraient transmis de fausses informations sur la situation ?

Je n'ai pas connaissance de ce que M. Ahmad Chalabi aurait secrètement dit aux Américains. Je tiens cependant à vous rappeler qu'il se déplaçait régulièrement à Téhéran, où il avait un bureau.

L'islamisme politique pourrait-il survivre à un changement de régime en Iran, à travers par exemple une république chiite dirigée par Moqtada El Sadr en Irak ?

Non, je ne le pense pas. Une fois la tête de la pieuvre coupée, ses tentacules ne survivront pas longtemps. Évidemment, les groupes intégristes concentrent tellement de ressources entre leurs mains qu'ils garderont des réserves pendant quelque temps, même si le régime iranien ne les alimente plus. Mais, privés de leur source principale de financement, ils n'auront plus la même énergie.

Cela s'appliquerait aussi au Hezbollah libanais ?

Oui, en conséquence. À moins que n'apparaisse un autre pays, du type de l'Irak sous Saddam Hussein, pour prendre la relève. Mais lequel ? La Libye ? Kadhafi a renoncé au terrorisme. La Corée du Nord ? Elle a de graves problèmes économiques. Des pays comme la Chine ou la Russie ? Je ne peux pas imaginer que, même s'ils en avaient la tentation, ils voudraient provoquer une nouvelle guerre froide. La Russie veut être respectée par les grandes puissances, je la vois mal s'aventurer dans le bourbier du terrorisme moyen-oriental.

La Chine, elle, recherche surtout des garanties concernant l'énergie, indispensable à la poursuite de son développement. Je ne vois aucune raison pour qu'un Iran démocratique n'entretienne pas de bonnes relations avec cet immense pays ou avec la Russie.

Si les talibans sont aujourd'hui des pseudopodes de l'Iran chiite, que faites-vous alors de la thèse de la fitna, *le conflit religieux, interne à l'islam entre le chiisme et le sunnisme ?*

C'est vrai qu'il existe des rivalités entre groupes terroristes chiites et sunnites mais ils arrivent parfois à les surmonter comme on l'a vu au Liban où le Hezbollah a scellé une alliance avec les salafistes qui sont sunnites. Ce qui les unit est plus fort que ce qui les divise.

Je ne crois pas à la fatalité de la *fitna*. Ce conflit existe depuis plus de mille ans. Je ne dis pas qu'il avait totalement disparu du temps de mon père. Mais il était largement atténué. Il a été ravivé par la République islamique. Elle prétend créer un califat chiite et par là contrôler tout l'islam. Ainsi, elle mécontente les pays sunnites.

En Iran, elle a démantelé notre société. Elle persécute toutes les minorités qui représentent quand même la moitié de la population : les Arabes, les Kurdes, les Baloutches qui sont sunnites. On assiste à cette chose incroyable : des musulmans sont persécutés en tant que musulmans dans un régime qui se réclame de l'islam… C'est évident qu'un Iran démocratique aura comme première préoccupation de cesser d'attiser les tensions avec ses voisins sunnites et d'établir des relations cordiales avec eux.

Le 11 septembre 2001, vous étiez à Washington. Quels souvenirs avez-vous gardés de cet événement ?

Ce matin-là, je devais justement me rendre à New York. Quelques minutes avant 9 heures, au volant de ma voiture, en allumant l'autoradio j'apprends que New York est attaquée. Cela me paraissait tellement irréel que j'ai d'abord pensé à un canular comme celui monté par Orson Welles dans les années 30 pour faire croire aux Américains à une attaque des Martiens. Arrivé à mon bureau, j'ai allumé la télévision, et j'ai vu sur CNN la première tour qui brûlait. Dix minutes plus tard, j'ai vu en direct l'attaque contre la deuxième tour. Et ensuite, le Pentagone. J'ai essayé d'appeler ma sœur qui habite à New York. Toutes les lignes téléphoniques étaient coupées. Le reste, on le connaît. C'était très choquant, incroyable de voir ces scènes de panique, ces gens qui sautaient par les fenêtres. N'oubliez pas que le seul peuple du Moyen-Orient qui s'est spontanément recueilli à une grande échelle, en allumant des bougies aux fenêtres et dans les rues, est le peuple iranien. De cela je suis fier.

Le 11-Septembre, vous l'avez vécu comme un Américain ou comme un Iranien ?

Je l'ai vécu comme un être humain, comme j'ai vécu ensuite les attentats de Madrid et de Londres en essayant d'imaginer ce que les victimes pouvaient ressentir. Je me suis dit que le diable, longtemps contenu au Moyen-Orient, était sorti de sa boîte. Pendant des années, avec quelques autres, nous avons tenté d'alerter le monde libre. Mais nous avions le sentiment de prêcher dans le désert. Quand je voyais l'un après l'autre nos amis, opposants iraniens, se faire assassiner sur le territoire européen, je disais : « Un de ces jours, vous aurez affaire à ce problème chez vous. » C'était dans les années 80, vingt ans avant le 11-Septembre !

Je l'ai dit personnellement, à des Américains, à des Français, à des Britanniques, à des Suisses, à des Allemands, à des ministres, à des parlementaires, à des ambassadeurs… Ils hochaient la tête, l'air de dire : « Vous exagérez ! »

Mais aujourd'hui, les appels au djihad ne résonnent plus seulement dans les mosquées de Téhéran, Damas ou Beyrouth, mais aussi dans celles des banlieues parisiennes, madrilènes ou londoniennes. Maintenant, le problème s'est déplacé sur votre propre territoire, dans votre propre arrière-cour, vous avez affaire à des groupes infiltrés, manipulés, organisés, et qui maintenant opèrent sur vos territoires. La base arrière du djihad est chez vous, alors évidemment vous voyez les choses différemment.

10
Une nouvelle politique étrangère

Dans le monde du XXIe siècle, comment voyez-vous la place de l'Iran ? Votre pays sera-t-il moins pro-occidental que l'Iran de votre père, plus intégré au Moyen-Orient ?

Vous connaissez bien l'Iran, et vous savez que nous sommes une vieille civilisation avec des valeurs ancestrales proches des idéaux des Lumières. La modernité, la démocratie, les droits de l'homme et même l'économie de marché ne sont pas des valeurs étrangères à notre culture. C'est notre civilisation commune. Toutefois, nous devons trouver une expression propre de ces valeurs.

L'Iran de demain s'engagera totalement en faveur de la paix et de la stabilité de la région. C'est une question fondamentale. Dans le domaine économique et des échanges commerciaux, nous favoriserons, naturellement, une plus grande intégration régionale qui se fera par étapes. Il faut imaginer une région enfin en paix, où les frontières s'ouvrent, où des cultures proches pourront mieux dialoguer, où les biens et services pourront librement circuler.

Verriez-vous d'un bon œil une adhésion de la Turquie à l'Union européenne, ou craindriez-vous qu'une telle adhésion ne contribue à isoler l'Iran ?

Je ne vois pas pourquoi cela nous gênerait. Cette adhésion pourrait nous ouvrir des portes et créer un appel d'air économique dont nous profiterions. Elle rapprocherait l'Iran de l'Occident, ce qui ne serait pas à notre désavantage. Si, au temps de la guerre froide, nous avions eu comme voisin la République française plutôt que l'Union soviétique, ne pensez-vous pas que l'on s'en porterait mieux ? La réponse est évidente.

Et si la Turquie adhérait à l'Union européenne, pourquoi pas l'Iran ?

Tout simplement parce que l'Iran n'est pas en Europe. Ce ne serait possible que si on remplaçait l'identité géographique de l'Europe par une autre identité politique, économique… Personne n'y songe pour l'instant. Cela ne veut pas dire que, demain, l'Iran n'entretiendra pas des relations étroites avec l'Union européenne.

L'Iran devrait-il nouer une alliance privilégiée avec la Turquie ?

C'est un voisin et, par beaucoup d'aspects, la Turquie nous est proche. Déjà, dans l'Antiquité, la route de la soie passait par l'Iran et la Turquie avant de traverser le Bosphore. Nos deux pays servaient de pont entre l'Orient et l'Occident. Nous avons d'autres points communs : l'expérience de modernisation et de laïcité initiée par mon grand-père Reza Shah à partir de 1926 s'est inspirée de celle menée par Atatürk. Très logiquement, notre relation avec la Turquie sera privilégiée. Mais elle ne devra aucunement être exclusive. Dans ma vision à 360 degrés, il y aura des relations cordiales et des alliances avec tous nos voisins.

Peut-on parler de régression à propos de l'arrivée au pouvoir de M. Erdogan et des islamistes dits « modérés » en Turquie ?

Non, car M. Erdogan a été élu démocratiquement et il n'envisage pas de remettre en cause la Constitution qui garantit la laïcité. J'ai le sentiment que les Turcs en général sont assez attachés à leur système et qu'ils ne feront pas marche arrière. Les islamistes « modérés » de M. Erdogan peuvent être comparés aux démocrates-chrétiens allemands ou italiens : ils s'inspirent de valeurs religieuses mais n'ambitionnent aucunement d'imposer un État religieux. J'en veux pour preuve le scandale provoqué en Turquie lorsque

Ahmadinejad a refusé de se recueillir sur la tombe d'Atatürk.

Êtes-vous favorable à la création d'un marché commun de la région et si oui, avec qui ?

Bien sûr. L'intégration régionale à travers la création de marchés communs est une évolution mondiale irréversible. Je la crois utile et nécessaire. Je ne crois pas que la crise financière actuelle remette en cause le principe même de la mondialisation. Il faudra bien entendu procéder à une remise à plat du fonctionnement de la finance internationale, il faudra certainement plus de régularisation et de surveillance. Il faut revenir aux valeurs historiques du capitalisme. C'est-à-dire le capitalisme d'entreprise. Une fois la crise passée, ces nouvelles règles permettront une deuxième vague de la mondialisation, plus juste et plus équitable.

Dans cette optique, il me semble qu'il est vital pour la stabilité et la paix de notre région de mettre en place les mécanismes d'un marché commun. Cependant, je pense qu'il sera nécessaire de réfléchir aux standards économiques, juridiques et politiques que chaque pays candidat devra adopter avant de pouvoir intégrer ce marché commun.

D'après vous, quelles relations un Iran démocratique devra-t-il entretenir avec la Russie et la Chine ?

La guerre froide est heureusement derrière nous. À l'époque nous n'avions pas le choix, nous ne pouvions regarder que vers l'ouest. Aujourd'hui les choses sont différentes. Des relations amicales et équilibrées avec la Russie et la Chine sont utiles et nécessaires à la stabilité de toute la région et au-delà. Nous avons naturellement des intérêts communs. C'est pourquoi je suis favorable au développement et à l'approfondissement de nos relations avec ces deux grandes puissances.

Voyons le long terme. Shimon Peres, le président israélien, préconise depuis longtemps la création au Moyen-Orient d'un grand marché commun sur le modèle européen. Un Iran démocratique relancerait-il ce projet ?

La paix est la plus grande réussite et le plus grand apport de l'Union européenne depuis plus de cinquante ans. Il est clair que la démocratie sera également synonyme de stabilité et de paix pour la région, ce qui facilitera naturellement la création de ce marché commun.

Que pensez-vous du projet du président Sarkozy d'Union pour la Méditerranée qui engloberait, en plus de l'Union européenne, toute l'Afrique du Nord, Israël, la Syrie et même la Turquie ?

Je dois dire qu'avec cette bonne idée le président Sarkozy démontre qu'il a une vraie vision stratégique. Dans cette période délicate de l'histoire, c'est précieux. Si on veut lutter contre l'intégrisme, il faut d'une manière ou d'une autre arrimer la Méditerranée à l'Europe. Mais comment ?

Je vais souvent au Maroc, je pense que ce pays pourrait grandement bénéficier de l'Union pour la Méditerranée. Ce serait pareil pour l'Algérie, la Tunisie, la Lybie ou l'Égypte… Un tel projet peut stimuler la croissance économique et la démocratie sur la rive sud de la Méditerranée et même avoir des conséquences positives sur le reste du continent africain.

Symboliquement, il est important aussi que l'Europe fasse preuve d'altruisme. Pour réduire le fossé croissant avec les pays en voie de développement, il faut les aider à devenir producteurs plutôt que consommateurs. Il faut en finir avec l'assistanat qui ne règle pas les problèmes à long terme et entretient en plus, j'imagine, un sentiment d'humiliation. Les aides doivent se transformer en investissements. Mais évidemment, de leur côté, les gouvernements doivent faire un effort afin d'adapter leur pays aux standards internationaux.

Pensez-vous que les pays arabes ont intérêt eux aussi à la fin de la dictature islamique en Iran ?

Bien sûr. Le régime de la République islamique cherche à exporter sa révolution en engendrant des crises. Il représente clairement une menace pour nos voisins arabes qu'il veut déstabiliser à travers leurs minorités chiites. L'Iran démocratique de demain œuvrera pour la stabilité et pour la paix dans la région. Sa politique étrangère n'aura plus de visées hégémoniques. Notre intérêt national, je le répète, est d'instaurer une collaboration équitable et fructueuse avec nos voisins arabes.

Votre père comptait quelques amis parmi les dirigeants du monde arabe. Ces amitiés ont-elles été transmises à leurs successeurs ? Quelles relations entretenez-vous par exemple avec le président égyptien Moubarak ?

Depuis le décès de mon père, en 1980, ma mère se rend chaque année en Égypte pour se recueillir sur sa tombe. Je l'ai fait moi aussi à plusieurs reprises. Les Égyptiens gardent une affection particulière pour notre famille, elle découle de liens très anciens. C'est en Égypte que j'ai effectué mon premier voyage officiel en tant que prince héritier. J'avais à peine quatorze ans, c'était en 1975 à l'occasion de la réouverture du canal de Suez qui avait été fermé suite à la guerre de 1967 avec Israël. J'ai été justement reçu par le président Moubarak, qui était à l'époque vice-président, et par le président Sadate.

J'éprouve toujours un sentiment affectueux à l'égard du président Sadate. Vous savez, quand mes parents ont quitté l'Iran le 16 janvier 1979, alors qu'ils étaient rejetés par le monde entier, il les a reçus avec tous les honneurs. Bravant l'opinion arabe et les islamistes de son propre pays, il a accordé l'asile à ma famille. Il a ensuite organisé des funérailles nationales pour mon père. Cela a renforcé la haine des islamistes qui lui reprochaient déjà d'avoir conclu la paix avec Israël. Ils l'ont finalement assassiné en 1981.

Quand mon père est décédé, le président Sadate m'a offert un sabre qu'il portait le jour où il a traversé le canal de Suez, après que l'Égypte eut récupéré le Sinaï pendant la guerre de 1973. C'est un cadeau très personnel, très symbolique. Je le garde précieusement. Le président Sadate, de même que beaucoup d'Égyptiens, n'avait pas oublié que pendant cette guerre mon père avait envoyé deux tankers afin de ravitailler l'Égypte en pétrole. Une vraie solidarité s'était créée entre nos pays qui partageaient une vision modérée de l'avenir de la région. Ce n'était pas la même chose à l'époque de Nasser qui défendait une idéologie panarabe, anti-impérialiste. Avec le président Sadate, à partir d'une convergence politique, mon père a fini par nouer une vraie et profonde amitié. Ma famille et moi-même sommes profondément touchés par l'amitié que nous accorde le peuple égyptien.

Quelle relation entretenez-vous aujourd'hui avec le président Moubarak ?

J'ai déjà eu le plaisir et le privilège de m'entretenir à plusieurs reprises avec lui. Je l'estime beaucoup. Il a toujours été très accueillant et cordial.

Et avec le roi de Jordanie ?

Je connais très bien la famille royale jordanienne. Cela remonte au temps où Sa Majesté le roi Hussein venait souvent en Iran, beaucoup plus d'ailleurs en visites privées qu'en déplacements officiels. À l'époque, Sa Majesté le roi Abdallah et moi étions adolescents, et pendant que nos parents se rencontraient, nous discutions beaucoup ensemble. Nous sommes des camarades d'enfance. En dehors des relations diplomatiques, il se crée souvent des liens amicaux et familiaux entre les familles de chefs d'État. Je dois ajouter que j'entretiens le même type de rapport amical avec Sa Majesté le roi Mohammed VI du Maroc.

Pouvez-vous compter sur un soutien de la part de pays tels que le Maroc, la Jordanie ou l'Égypte ?

Quand Khomeyni a pris le pouvoir en Iran, des personnalités comme le président Sadate ou Sa Majesté le roi Hassan II ont dit en substance : « Si c'est cela qu'ils appellent l'islam, nous ne sommes pas musulmans. » Ils n'ont pas dit cela parce qu'ils étaient sunnites mais parce qu'ils comprenaient ce qui était en train de se produire. Contrairement à la plupart des dirigeants occidentaux, ils ont toujours fait la distinction entre le peuple iranien et le régime islamique.

Considérez-vous le conflit israélo-palestinien comme véritablement central, déterminant en grande partie la vie de la région, ou bien pensez-vous que son importance a été exagérée à dessein par les régimes arabes afin de détourner leurs populations des vrais problèmes auxquels elles sont confrontées ?

La cause palestinienne est centrale et légitime. En dehors de la République islamique d'Iran, la reconnaissance de l'État d'Israël est plus ou moins acquise pour la plupart des pays de la région. Israël a-t-il le droit d'exister ? La réponse, pour moi, est évidente. Elle est affirmative. Je vous rappelle que l'Iran a reconnu *de facto* Israël dès sa fondation en 1948. La vraie question est : la Palestine a-t-elle aussi le droit d'exister ? Évidemment oui.

Cependant, je pense que ce problème concerne essentiellement et prioritairement les Palestiniens et les Israéliens. Les uns et les autres avancent des arguments valables. Malheureusement, durant ces dernières années, la manipulation de la cause palestinienne par certains régimes, comme la République islamique, a brouillé les cartes.

Vous défendez une position relativement dure en imposant des conditions à un éventuel dialogue avec les islamistes au pouvoir à Téhéran. Élargissez-vous cette attitude aux alliés du régime iranien dans la région, le Hezbollah et le Hamas ? Pensez-vous que les Israéliens et les Occidentaux ont eu raison de boycotter le gouvernement islamiste issu des élections législatives de 2006 dans les Territoires palestiniens et de refuser de considérer le Hamas comme un partenaire valable ?

Le Hamas, c'est un arbre parmi d'autres au milieu de la forêt. J'essaie de voir la forêt. Boycott ou non ? Je ne m'autorise pas à répondre à des questions concernant d'autres pays. Ce qui est clair, c'est que la fin du régime islamique en Iran aiderait grandement au règlement du conflit israélo-palestinien, cela tarirait la source à laquelle s'abreuve le terrorisme du Hezbollah et du Hamas qui mettent de l'huile sur le feu.

L'Iran démocratique tel que je l'imagine aiderait aussi à la stabilisation régionale en donnant l'exemple. Vous rendez-vous compte ? Sa Constitution, fondée sur la Déclaration universelle des droits de l'homme, rejetterait toute forme de discrimination, qu'elle soit liée aux origines, religieuse, politique, sexuelle… Si des Juifs, des Zoroastriens, des Baha'is, des Arméniens, des chrétiens sont respectés chez nous, cela peut montrer le chemin aux pays voisins. Un Iran démocratique sera bien placé pour jouer les médiateurs entre Palestiniens et Israéliens, si, bien entendu, ils le souhaitent.

Israël a-t-il raison de poser comme préalable à toute discussion avec le Hamas que celui-ci reconnaisse son existence comme l'a fait l'Autorité palestinienne ?

L'Autorité palestinienne ne parle pas au nom d'un seul parti mais de toute une nation, la reconnaissance d'Israël engage donc tous les partis palestiniens. Les Palestiniens peuvent-ils accepter qu'un parti politique revienne sur un engagement pris au nom de toute leur nation ?

En tant que musulman, trouvez-vous légitime qu'une fraction infime de la nation musulmane, un tout petit État arabe, que serait l'État palestinien, exerce un pouvoir temporel sur les lieux saints de l'islam à Jérusalem ? Pourquoi ne seraient-ils pas placés sous une autorité musulmane internationale ?

Quel va être l'avenir de Jérusalem ? C'est une question délicate et je me vois mal placé pour vous donner une réponse précise. Symboliquement, les trois religions monothéistes y étant représentées, Jérusalem pourrait être une capitale de la paix.

Êtes-vous déjà allé en Israël ?

Non, jusqu'à présent je n'ai pas eu l'occasion d'y aller, j'aimerais m'y rendre en temps de paix, dans des conditions différentes.

Ressentez-vous plus de sympathie pour la société israélienne, une société démocratique où les femmes sont les égales des hommes, que pour les sociétés arabes ?

Il faut comparer une pomme à une pomme, une orange à une orange. Il est clair que l'on a plus d'estime pour des pays démocratiques, tolérants, ouverts, pluralistes. Ça, c'est à titre politique. Mais d'un point de vue humain, je ne peux pas dire que j'ai moins d'estime pour une société, une nation, une religion, une minorité plutôt qu'une autre.

Mais ressentez-vous de la sympathie pour Israël qui, dans le même coin du désert que ses voisins, a réussi à développer en soixante ans une société démocratique et prospère ?

Le travail accompli par le peuple israélien depuis soixante ans est remarquable, et c'est dommage que toute notre région ne puisse pas bénéficier de cet exemple. Le succès d'Israël repose sur le génie des Juifs. Dans le monde entier et cela bien avant la création d'Israël, les Juifs ont apporté leur contribution dans les domaines des sciences, de la philosophie, de l'architecture, de l'art. C'est tout à leur honneur de l'avoir fait. Je le respecte et je l'admire.

Mais cela n'a rien à voir avec le problème palestinien. L'admiration pour Israël ne doit pas empêcher de critiquer les injustices commises par ce pays. Certains ont des arrière-pensées antijuives comme M. Ahmadinejad et les extrémistes du monde arabe. Mais beaucoup de ceux qui critiquent Israël, y compris certains Juifs, le font honnêtement, sincèrement, et souhaitent la coexistence entre deux États.

Vous, en tant que musulman, cela ne vous a-t-il jamais gêné qu'un État juif soit établi sur la terre de Palestine ?

Pour moi, c'est une question politique et non une question religieuse. C'est une question de paix équitable à travers une reconnaissance mutuelle. Bien sûr qu'il peut y avoir un État juif, mais il doit aussi y avoir un État palestinien.

Votre père a-t-il eu raison de reconnaître de facto l'État d'Israël en 1948 ? Aurait-il dû aller plus loin, c'est-à-dire jusqu'à la reconnaissance officielle ? Ou a-t-il eu tort dans le sens où ce geste l'a coupé du monde arabe et musulman, à cette époque très opposé à la naissance d'Israël ?

D'un point de vue historique, il existe un lien étroit entre la Perse et les Juifs. N'oublions pas que Cyrus le Grand, en entrant dans Babel, a libéré les esclaves juifs et les a même aidés à reconstruire le temple de Jérusalem.

Les Juifs ont toujours vécu librement en Iran, faisant partie de notre société, siégeant au Parlement ou appartenant à la haute administration. On imagine mal l'Iran de 1948 s'opposer à cet acte de libération du peuple juif que fut la naissance de l'État d'Israël. J'imagine que si vraiment cette reconnaissance avait choqué l'Iranien moyen, il y aurait eu tout de suite des réactions dans la rue. Or, à l'exception de l'action de groupuscules extrémistes, ce ne fut pas le cas.

Un Iran démocratique ne nourrirait aucune attitude hostile ou négative envers Israël. Je ne peux pas l'imaginer. Ce même Iran œuvrera jusqu'à la création d'un État palestinien coexistant pacifiquement avec Israël. Quand on voit cette violence de part et d'autre, quand on entend les hurlements, ce père, cette mère qui pleurent, leur fille, leur fils, sortis le matin pour aller à l'école ou au travail… Ces deux peuples ne cherchent-ils pas la paix, une vie paisible, une coexistence presque fraternelle ? Dans cette région abrahamique, où nous sommes tous les enfants du même Dieu, est-il possible d'imaginer que l'homme ordinaire, Israélien ou Palestinien, puisse envisager autre chose qu'une vie paisible ?

11
La question du nucléaire

Êtes-vous inquiet de la tension croissante au sujet du programme nucléaire iranien et des risques qu'elle fait peser sur votre peuple ? Craignez-vous que dans les prochains mois cette situation débouche sur une guerre ?

L'inquiétude est réelle. Beaucoup de mes compatriotes la partagent. Et je suis certain que l'opinion internationale se pose la même question : que va-t-il se passer si la diplomatie échoue ? Pour l'instant, je vois mal un scénario dans lequel l'Occident, les États-Unis en premier lieu ou l'Europe, adopterait une démarche militaire, à moins que l'on s'approche réellement d'une situation de non-retour où la bombe serait sur le point d'être acquise. À très court terme je ne crois pas à l'imminence d'un conflit militaire avec les États-Unis. Israël prendrait-il une telle initiative ? C'est la vraie question.

Comprendriez-vous, soutiendriez-vous ou dénonceriez-vous une intervention militaire d'Israël – sous forme de frappes ciblées – ayant pour seul but d'affaiblir le potentiel militaire iranien et non bien évidemment d'envahir le pays ?

Comprendre et soutenir, ce n'est pas du tout la même chose ! Est-ce que je comprendrais les inquiétudes de l'État d'Israël ? Oui. Est-ce que j'approuverais une intervention militaire israélienne ou autre ? Non, catégoriquement.

En tant que patriote, je me sentirais attaqué à partir du moment où ce ne serait pas seulement le régime mais aussi le pays que l'on agresserait. Je ne peux, dans aucune hypothèse, soutenir une attaque contre mon pays. D'autant plus que toutes les options n'auraient pas été sérieusement envisagées avant de choisir la voie militaire. Si on passait comme cela de la diplomatie à la guerre, ce serait une faute grave ! Car dans ce cas, tout le pays se sentirait attaqué. Ce ne serait pas la même chose si le peuple iranien avait le sentiment que l'on s'attaque au régime. Car le vrai danger, c'est le régime et son idéologie totalitaire.

Au fond, ne pensez-vous pas que seule une intervention militaire pourrait permettre le renversement du régime islamique ?

Comme je l'ai déjà dit, je suis catégoriquement opposé à une intervention militaire car je suis convaincu que, loin d'entraîner la fin du régime, elle conduirait plutôt à son renforcement ou au chaos. Je distingue deux hypothèses. D'abord, celle d'une intervention militaire limitée aux installations nucléaires. Dans ce cas, le régime superficiellement affaibli aurait toutes les excuses pour durcir la répression à l'intérieur et enflammer la région. Je ne pense pas forcément à une offensive militaire directe contre le territoire israélien mais plutôt à des raids contre des navires dans le Golfe, un blocage du détroit d'Ormuz, des attentats en Afghanistan et en Irak où les mollahs sont déjà responsables d'une grande part des violences. Je pense aussi au déclenchement d'une offensive de groupes comme le Hamas ou le Hezbollah contre Israël et au Liban. On peut aussi s'attendre à des attaques directes contre les intérêts économiques des Occidentaux ou leurs ambassades dans la région. Il ne faut pas oublier non plus le réveil des réseaux terroristes dormants au Maghreb, en Europe et même en Amérique latine. Ces représailles de l'Iran et de ses satellites provoqueraient évidemment une riposte militaire très importante des Occidentaux qui nous précipiterait vers le chaos.

Dans la deuxième hypothèse, la ou les puissances occidentales utilisant l'option militaire anticiperaient les réactions hautement dangereuses du régime en décidant dès le début de taper très fort, bien au-delà des installations nucléaires, soit pour anéantir le régime, soit pour l'affaiblir considérablement. Cette initiative pourrait elle aussi entraîner des conséquences très graves pour l'Iran et le monde si aucune solution politique, impliquant la participation du peuple iranien, n'a été sérieusement préparée à l'instar de ce qui s'est passé en Irak.

C'est pourquoi je propose une troisième voie, celle du peuple, moins coûteuse et plus légitime. Elle est la seule capable de donner un résultat « gagnant-gagnant » pour le peuple iranien et le monde. Les autres options (la négociation et la guerre) n'auront qu'un seul vainqueur, le régime islamique.

Vous semblez penser que, dans tous les cas de figure, la radicalisation l'emportera sur la modération. Vous n'imaginez pas que des mollahs puissent se dire : « Nous avons été attaqués, il faut négocier, suspendons l'enrichissement de l'uranium pour sauver le régime » ?

C'est totalement méconnaître la réalité du régime islamique. Une intervention militaire qui le laisserait en place accélérerait sa radicalisation et marginaliserait définitivement les soi-disant modérés. Cette illusion que des « modérés » pourraient réformer la République islamique de l'intérieur découle des erreurs d'analyse fondamentales qui perdurent en Occident à propos du régime. Bien avant que ce problème nucléaire occupe la une de l'actualité, disons depuis la mort de l'ayatollah Khomeyni, en 1989, on parlait de deux camps : les radicaux et les modérés. Déjà dans les années 90 en Occident on présentait Rafsandjani, alors président de la République, comme un pragmatique, partisan d'une réforme. Cette illusion s'est renforcée avec l'élection de Khatami à la présidence en 1997.

La vraie alternative, ce ne doit pas être le choix entre Ahmadinejad et Khatami, entre islamistes ultraconservateurs et islamistes dits modérés. Le changement c'est le renversement du régime islamique et son remplacement par une véritable démocratie, laïque et pluraliste. Quand je parle de l'Iran, je pense d'abord à mes compatriotes et j'ai toujours réclamé que l'on sépare le régime du peuple. Malheureusement, quand Israël, les États-Unis ou les Européens parlent du problème de la bombe, ils parlent de « l'Iran » sans toujours distinguer le peuple du régime qui l'opprime. S'ils s'attaquent au pays, alors ils renforceront le régime et retarderont l'avènement de la démocratie… La plus grande faiblesse du régime, son talon d'Achille, c'est le peuple. C'est lui qu'il faut soutenir. Or je crains que l'on vise au contraire le régime là où il est le plus fort.

*Ne faites-vous aucune différence entre les conserva-
teurs et les réformateurs ?*

C'est sûr qu'il y a des nuances, des différences de
tempérament entre les uns et les autres. Mais la différence entre M. Ahmadinejad et M. Khatami, c'est
un peu comme, à l'époque soviétique, celle qui existait entre Brejnev et Andropov. Leurs désaccords por-
taient sur la meilleure manière de sauver le système.
Khatami et Ahmadinejad sont unis pour défendre, à
n'importe quel prix, le régime contre le peuple. On ne
peut pas être démocrate et, en même temps, vouloir
maintenir une théocratie ! Ce n'est pas possible. Ou
on soutient ce régime ou on le combat, il n'y a que
deux camps possibles.

*Vous pensez que le peuple est tout entier opposé au
régime ?*

Une écrasante majorité de mes compatriotes veulent un changement total. Les Iraniens sont
accueillants et hospitaliers, fiers de leur culture et de
leur civilisation, je ne les vois pas mettre des cein-
tures de bombes et se faire exploser. Ce n'est pas la
nature de notre nation. Contrairement à ce
qu'Ahmadinejad voudrait faire croire, notre nation
est fière que le fondateur du premier empire en Iran,
Cyrus, ait été à la source des droits de l'homme. Ce
régime lancé, entre autres, dans la course atomique

devient incontournable. Mais je le dis, je le répète, de toutes mes forces : cette solution est illégitime, dangereuse, tant que l'on n'a pas exploré toutes les options.

Jusqu'à présent, on a envisagé l'option diplomatique. Depuis des années et des années, on parle, on parle, on agite la carotte et le bâton. Combien de fois M. Mohamed El Baradeï, directeur général de l'Agence internationale de l'énergie atomique (AIEA), M. Javier Solana, chef de la diplomatie européenne, sont-ils allés à Téhéran ? Combien de fois les ministres des Affaires étrangères français, britannique, allemand, se sont-ils déplacés ? Et les Américains qui ont mené des négociations secrètes avec certains représentants du régime ? L'option diplomatique a été explorée dans tous les sens, mais sans aboutir au moindre résultat. Cet échec est dû au fait que l'on n'a jamais fixé et surtout respecté une date butoir. On a repoussé sans cesse les échéances et accepté de déplacer les lignes rouges. C'est pourquoi le régime islamique ne prend pas au sérieux la communauté internationale et en profite pour gagner du temps et se rapprocher de la bombe. Devant l'échec de cette diplomatie, l'option militaire va logiquement s'imposer.

Dans cette période trouble et grave, où se jouent les équilibres géopolitiques du siècle naissant, mon devoir est de mettre en garde contre des choix qui se révéleront désastreux et de proposer une autre voie, qui ne soit ni la « négociation-capitulation » ni la guerre. Je l'appelle la troisième voie. Cette voie, la plus légitime, la moins coûteuse, est la seule qui garantisse la victoire du peuple iranien et la paix. Je vous le rappelle encore, depuis des années, on dialogue uniquement avec le régime et très peu avec les forces démocratiques qui lui sont opposées. Les éléments qui sont au sein du régime ne représentent pas l'opposition. C'est comme si on avait dit : « Nous parlons à Andropov, un des piliers du système soviétique, mais nous ignorons Soljenitsyne et Sakharov. » En Pologne, on a parlé à Lech Walesa, en Tchécoslovaquie, on a reconnu Václav Havel, en Afrique du Sud, on a légitimé Nelson Mandela.

En Iran, les Occidentaux pour l'instant n'ont pas d'autre interlocuteur que le régime. Dans cette logique, je leur demande : « Quand allez-vous finalement décider d'entamer un dialogue avec l'opposition, la vraie, l'opposition démocratique ? » Il reste encore un peu de temps avant que la République islamique ne franchisse la ligne rouge de l'arme atomique. Ce n'est pas beaucoup mais cela nous laisse l'opportunité d'essayer la troisième voie. Pourquoi ne pas donner une chance à l'opposition ? Je ne dis pas aux Occidentaux : « Rompez le dialogue avec le régime. » Je leur dis tout simplement de donner une chance à la perspective que je propose, avant d'attaquer l'Iran. Pensez aux conséquences ! Soutenez les vraies forces démocratiques qui se battent pour libérer notre peuple du joug islamique. Ne pas le faire serait une faute historique !

Je reviens à la question de la ligne rouge. Si toutes les autres options échouaient, à quel moment une intervention militaire, probablement israélienne, serait-elle justifiée ?

Je répète encore une fois : une telle intervention serait une faute grave si elle se produisait maintenant alors que l'on n'a pas envisagé un seul instant l'option politique que je propose. Mais si on donne leur chance aux forces de l'opposition et au peuple et que ceux-ci échouent, je pense alors que beaucoup de personnes se résigneraient à l'intervention en dernier recours.

En droit international, on considère qu'un pays attaqué par un autre pays se trouve en situation de légitime défense. Avec le nucléaire, cette notion est difficile à appliquer. On ne peut pas demander à Israël ou à l'Arabie saoudite d'attendre la première frappe nucléaire de l'Iran pour se défendre.

Je ne demande à aucun pays d'attendre la première frappe nucléaire pour réagir. Mais d'après les éléments que nous possédons, l'état d'avancement du programme nucléaire militaire iranien laisse encore un peu de temps avant que la ligne rouge soit atteinte.

Quand peut-on finalement jeter l'éponge ? En tant que représentant de l'opposition démocratique à ce régime totalitaire, je dirais qu'au moment où, d'une manière pragmatique, je constaterai que l'on a fait le maximum, que le monde a essayé réellement de nous aider et que l'on n'a pas réussi, alors, à ce moment-là, je pourrai comprendre que l'on en arrive à une solution militaire. Je serai triste, je serai blessé en tant qu'Iranien car c'est mon pays, mais je pourrai le comprendre.

Comment les Occidentaux peuvent-ils contribuer à cette option politique que vous défendez ?

Ils peuvent aider la société iranienne à sortir de l'étouffement, à organiser à l'échelle nationale une résistance, fondée sur la non-violence et la désobéissance civile, comme je l'ai toujours proposé. Mais cette résistance a besoin de moyens pour se structurer, s'organiser, s'équiper, se financer. Concrètement, je propose deux types d'aide : une aide directe aux forces démocratiques combattant la République islamique ainsi que de nouvelles sanctions ciblées, économiques et surtout diplomatiques.

Dans tous les cas, cette voie est beaucoup plus légitime et considérablement moins coûteuse que l'option militaire. Pensez aux dépenses qu'une guerre, dont l'issue n'est même pas garantie, peut engendrer. Pensez surtout aux dommages collatéraux (humains, politiques…) qu'une guerre entraînera. Avec beaucoup moins de moyens on pourrait arriver à un résultat « gagnant-gagnant » avec en prime la reconnaissance d'une nation.

Pensez-vous que des grèves affaibliraient beaucoup plus le régime que des attaques militaires ?

On rencontre dans les couloirs de la diplomatie occidentale deux écoles de pensée. Il y a ceux qui disent « changement de régime », et ceux qui disent « changement de comportement du régime ». Aux États-Unis, depuis l'aventure irakienne, le changement de régime est devenu un sujet tabou, plus personne n'ose en parler. On a donc remplacé la perspective d'un changement de régime par celle d'un « changement de comportement » du régime.

On mise sur les sanctions pour atteindre cet objectif. Mais il faut savoir que ces sanctions ne peuvent suffire à elles seules. En effet, le régime ne s'inquiète pas tellement des sanctions économiques, sachant surtout qu'elles sont prises sans un but politique clair. Permettez-moi d'ouvrir, ici, une parenthèse. De l'ex-bloc soviétique à l'Afrique du Sud, le changement s'est produit une fois que la communauté internationale a clairement choisi l'affrontement politique. C'est alors que de Sakharov à Walesa, de Mandela à Havel, on a repris espoir et on a pu agir efficacement. J'invite donc la communauté internationale à ne plus tolérer les atteintes aux droits de l'homme. À ne plus fermer les yeux sur cette terrible répression qui s'accentue chaque jour contre mes compatriotes. Il est grand temps de soutenir activement et concrètement nos dissidents, nos femmes, nos étudiants, nos ouvriers, en un mot tous ceux qui, au péril de leur vie, se battent pour la liberté et la démocratie. C'est en aidant et en soutenant notre peuple dans ce combat que la communauté internationale pourra atteindre ses objectifs.

Pour la République islamique, plus les Iraniens sont appauvris et donc préoccupés par leur seule survie individuelle, moins ils sont menaçants. Tant que les mollahs peuvent pomper le pétrole pour financer leur appareil militaire et policier, ils se fichent des sanctions. S'ils étaient un minimum soucieux du bien-être de la population, pourquoi financeraient-ils le Hezbollah ? Je rappelle que depuis plusieurs mois des milliers d'ouvriers n'ont pas été payés car le pays est au bord de la banqueroute. Une attaque militaire serait un cadeau au régime. Ce fut déjà le cas quand Saddam Hussein a attaqué l'Iran en 1980. Cela permettrait aux mollahs d'en appeler à l'union nationale et de faire taire les revendications et les critiques de la population.

Un régime qui méprise la vie de ses concitoyens et qui, au contraire, sacralise le martyre, la mort, le sacrifice, un tel régime n'a pas peur de la guerre, il l'accueille comme une bénédiction. La seule chose qui pourrait faire passer des nuits blanches à M. Khamenei et aux autres serait qu'un jour la population se soulève contre eux. Cette pression intérieure rendra enfin efficace la pression extérieure des sanctions décidées par les Nations unies.

Peut-on vraiment opposer le changement de comportement du régime et le changement de régime ? Ne faut-il pas passer par l'un pour atteindre l'autre ?

Dans les deux cas, les pressions à exercer, du moins dans un premier temps, sont les mêmes. Mais, aujourd'hui, l'Occident ne fait pas suffisamment pression sur l'Iran. Il faut aller plus loin.

Je ne parle pas de la condamnation symbolique des atteintes aux droits de l'homme. C'est la moindre des choses. Même si ce ne fut pas toujours le cas dans le passé. Beaucoup de pays clés ont pendant longtemps privilégié l'affairisme avec l'Iran. Ces pays, qui aujourd'hui prêchent les sanctions économiques contre la République islamique, pensaient, jusqu'à récemment, avant tout à leurs intérêts économiques à court terme. Quand je vois aujourd'hui que les Européens condamnent les atteintes aux droits de l'homme en Iran, je me dis que beaucoup de choses ont changé en Europe. Dieu merci ! Mieux vaut tard que jamais. Mais, je le répète, ce n'est pas suffisant.

En septembre 1980, au début de la guerre Iran-Irak, alors exilé au Maroc, vous avez écrit au chef d'état-major de l'armée iranienne pour demander à combattre l'envahisseur parmi les troupes de votre pays bien qu'elles soient dirigées par vos pires ennemis. Si demain l'Iran était attaqué à cause de la question nucléaire, proposeriez-vous à nouveau vos services pour défendre votre pays contre Israël, contre les États-Unis ou contre une coalition internationale ?

J'ai choisi mon camp… C'est mon pays et non le régime que je voulais défendre quand il a été envahi par l'armée irakienne. Je l'ai dit clairement à l'époque : « Quel que soit mon désaccord avec M. Khomeyni et sa révolution, quand mon pays est attaqué, mon premier devoir en tant que patriote, en tant qu'Iranien, c'est la défense du territoire, de la nation. » Mon opposition au régime devient alors secondaire.

Aujourd'hui, on ne parle pas d'une invasion de l'Iran ni d'une guerre conventionnelle qui imposerait un appel aux armes de tous les hommes en âge de combattre. En 1980, c'est l'Irak qui était l'agresseur. Cette fois si l'Iran est attaqué, ce que je ne souhaite pas, son régime en portera seul la responsabilité, à cause de ses provocations et de son entêtement à braver la communauté internationale.

D'ailleurs comme vous le savez, le 21 mai 2008, dans une lettre ouverte à M. Khamenei, je l'ai clairement averti que sa politique représentait un réel danger pour l'Iran, et que son régime porterait l'entière responsabilité d'un nouveau conflit militaire.

Donc, vous considéreriez qu'il s'agirait plus d'une guerre contre le régime que contre la nation iranienne ?

Non, c'est plus compliqué. Cette guerre ne sera pas pensée comme une guerre contre le peuple ni contre le pays bien sûr, elle ne sera motivée par aucune revendication territoriale contrairement à l'attaque de Saddam Hussein en 1980. En même temps, par les moyens militaires employés, cette guerre risque d'aider le régime. C'est ça le problème ! Si c'était uniquement une guerre contre le régime, on ne s'en prendrait pas à l'Iran militairement, on aiderait la population à se débarrasser du régime.

Mais c'est vrai qu'il y aurait une différence fondamentale entre la situation d'aujourd'hui et celle de 1980. Aujourd'hui le vrai responsable de la crise, c'est le régime et non la communauté internationale qui s'oppose à son programme nucléaire.

En cas d'attaque israélienne ou américaine, ne verrait-on pas réapparaître le même sentiment d'unité nationale qu'en 1980 contre l'Irak ?

Le régime compte dessus. Ce réflexe jouera peut-être mais il sera bien moindre qu'à l'époque. Vous savez, il existe des Iraniens qui disent : « Si au moins cela permet de se débarrasser du régime, nous sommes prêts à en payer le prix. » Ce raisonnement, je le condamne mais je peux le comprendre.

Nous pouvons obtenir notre liberté par nos propres moyens et non par la grâce d'une intervention étrangère. Pour combattre ce régime nous avons sur place la meilleure armée qui soit : les soixante-dix millions d'Iraniens qui, en grande majorité, ne demandent qu'à s'unir avec le monde libre. Ce soulèvement provoquera malheureusement des pertes en vies humaines. Mais elles seront certainement beaucoup moins élevées que dans le scénario de la guerre. Par ailleurs, le nouveau pouvoir en sera plus légitime.

Je veux aussi souligner un élément important : si nous proposons une solution politique interne, nous ferons basculer dans notre camp beaucoup de représentants des forces armées, Gardiens de la révolution et Bassidjis. Beaucoup d'entre eux n'en peuvent plus, mais, si on attaque le pays, on les jettera dans les bras du régime islamique.

Pensez-vous que le régime cherche la guerre ?

C'est une question très complexe qui en appelle beaucoup d'autres. En premier lieu sur la nature du régime, quelle est sa raison d'être ? N'oublions pas une chose fondamentale : le régime islamique n'est pas un régime soucieux de l'intérêt national. Khomeyni s'est servi de l'Iran comme d'une base de lancement pour essayer d'exporter la révolution islamique dans le monde entier, avec l'intention de créer une espèce de califat chiite, un nouveau modèle de société anti-occidental, cherchant à devenir un pôle majeur. Il était persuadé, et ses successeurs le sont aussi, de l'échec total de l'Occident qu'ils croient décadent et à bout de souffle.

Depuis 1979, ils sont partis à la conquête du monde. Certains, comme Ahmadinejad, préparent l'apocalypse qui permettrait le retour du Mahdi, le Messie des chiites. Ils pensent qu'elle relève d'un devoir religieux, ils passent leur temps à la préparer.

Pourquoi, au fond, veulent-ils la bombe atomique ? Le savez-vous ?

À mon avis le régime n'a pas l'intention d'utiliser frontalement l'arme atomique. Ils l'envisagent plutôt dans une perspective de sanctuarisation de leur pouvoir. Une fois dotés de l'arme atomique, ils pourront dire : « Maintenant on l'a, alors reculez, et acceptez-nous comme un fait accompli parmi les grandes puissances. » Le régime sait que dans l'hypothèse d'un conflit militaire conventionnel, il serait perdant… L'Iran est très inférieur aux autres puissances de ce point de vue. Avec la bombe atomique, les mollahs pourraient impunément continuer à soutenir tous les groupes radicaux terroristes qui sont dans leur orbite. C'est leur idéal à long terme. À court terme, que cherchent-ils ? À gagner du temps.

Le régime n'est pas intéressé par la situation concrète des Iraniens eux-mêmes. Économiquement parlant, les dirigeants auraient pu faire tellement de choses avec des revenus pétroliers cinq fois plus élevés depuis la révolution que pendant les soixante-dix années précédentes, soit depuis la découverte du pétrole en Iran.

Or toutes ces ressources sont détournées au profit des seules priorités du régime : sa survie, l'enrichissement personnel de ses dirigeants et l'encouragement au terrorisme. Pendant que le monde s'attarde sur la question nucléaire, beaucoup de choses se passent souterrainement en Iran. Cette mauvaise gouvernance provoque un appauvrissement général du peuple, particulièrement des minorités nationales. Je crains que le *statu quo* mène à une désintégration de l'Iran comme on l'a vu en Yougoslavie.

Donc vous aussi, vous défendez l'idée que le régime n'utiliserait la bombe que de manière dissuasive, plutôt pour rééquilibrer le rapport de forces. Cette thèse est partagée par beaucoup d'experts ou de diplomates en Occident qui font référence à « l'équilibre de la terreur » ayant garanti la paix mondiale pendant la guerre froide.

Ils oublient la nature du régime ! Ce n'est pas un problème de technologie, c'est la question du doigt sur la détente. Aujourd'hui, personne au monde ne perd le sommeil en pensant que la France est une puissance nucléaire. Mais le nucléaire à la disposition du régime islamique iranien, c'est tout à fait autre chose.

Pensez-vous que les mollahs veulent l'affrontement ?

Une partie du régime, oui. C'est un peu comme certaines espèces de requins : s'ils s'arrêtent de nager, leur appareil respiratoire n'est plus alimenté en oxygène et ils meurent. Le régime doit lui aussi toujours engendrer des crises, créer un nouvel élément de tension, afin de faire oublier son absence de légitimité. Si ce régime était stabilisé, pourquoi deviendrait-il de plus en plus fasciste ? S'il avait réussi, il se serait institutionnalisé… C'est vrai, on pourrait dire qu'il y a eu la guerre avec l'Irak et ceci et cela, mais trente ans, c'est suffisamment de temps pour qu'un régime puisse finalement se stabiliser.

Plus le temps passe, plus le régime se sent acculé, et sa seule chance de s'en sortir c'est de continuer la répression intérieure et de détourner l'attention avec des problèmes comme le nucléaire. Plutôt que d'affronter les problèmes élémentaires de la société iranienne – donner à manger à la population –, les mollahs agitent toutes sortes d'intégristes partout dans le monde qui célèbrent l'audace d'un Ahmadinejad ou de son patron Khamenei, grands champions de l'anti-occidentalisme…

Le régime agite encore et toujours la question palestinienne, si importante dans le monde arabo-musulman. Pourtant un des endroits où cette question intéresse le moins la population, c'est en Iran où des manifestants clamaient récemment : « Oubliez la Palestine ! Pensez un peu à nous. » Un Iranien m'a appelé l'autre jour pour me dire : « Ahmadinejad, à propos du problème israélo-palestinien, propose hypocritement la tenue d'un référendum. Or c'est justement ce que nous voulons, nous les Iraniens, pouvoir nous exprimer librement à travers un référendum mais… sur notre avenir politique. »

Alors, pensez-vous que ce régime pourrait utiliser la bombe ?

Je ne peux pas garantir qu'il ne l'utiliserait pas. Dieu nous sauve tous si je me trompe sur ce sujet. Je dis simplement que dans toute cette folie, un minimum de raison retiendra peut-être les mollahs de prendre l'initiative d'une attaque qui changerait toutes les données. Maintenant, y aura-t-il parmi eux quelques fous ? C'est ça le grand risque, la grande incertitude et pour nous la grande question, comme vous le disiez tout à l'heure : peut-on prendre le risque ?

D'autant plus lorsque l'on connaît le bilan de ce régime en la matière, on peut imaginer des réseaux terroristes ayant accès justement à des matières radio-actives. Ce n'est pas impossible. C'est pour cela qu'il ne faut pas raisonner seulement en termes d'acqui-sition de la bombe atomique par un État. Pensons aux groupes terroristes disséminés sur toute la planète et qui peuvent être manipulés par le régime islamique. Si celui-ci ne l'utilise pas, cette techno-logie peut arriver entre les mains d'individus n'ayant pas les mêmes contraintes qu'un État. Ainsi le régime iranien pourrait fomenter des attentats nucléaires, sans que l'on puisse directement le désigner comme responsable.

C'est justement ce que craignent les Israéliens aujour-d'hui.

Ils ont raison. D'ailleurs cela me ramène à mon argu-ment : la menace ne sera jamais dissipée tant que ce régime restera en place, c'est lui le problème.

Pensez-vous que l'on doive continuer – « on », c'est-à-dire les Six (États-Unis, Royaume-Uni, France, Russie, Chine et Allemagne) et le Conseil de sécurité – à poser comme préalable à toute discussion avec l'Iran la suspension des opérations d'enrichissement d'uranium ? Ou alors doit-on cesser ces discussions,

*totalement inutiles du fait que les Iraniens n'ont pas
la volonté de discuter ?*

Je suis plutôt pour la première hypothèse, celle de
la discussion sous condition. Parce que le régime ne
peut pas, quand ça l'arrange, faire appel à la charte des
Nations unies, au Traité de non-prolifération et vio-
ler le droit international et les principes de la charte,
non seulement à propos du nucléaire mais aussi des
droits de l'homme. C'est ça son hypocrisie. Cela fait
trente ans qu'il fait preuve de mauvaise volonté, d'opa-
cité, de dissimulation. On ne peut donc lui faire aucune
confiance.

*Pour vous, la suspension des opérations d'enrichisse-
ment d'uranium reste donc un préalable à toute discussion ?*

Pourquoi le monde se permet-il d'insister sur cette
condition ? Parce que le fautif, c'est le régime islamique iranien, un régime délinquant et défaillant qui
doit être traité comme tel. Face à lui, c'est le monde
qui a raison. Ce ne sont pas seulement les États-Unis,
la France, ou la Russie, c'est la communauté internationale tout entière qui aujourd'hui pose cette condition. Et dans cette communauté internationale, il n'y a
pas seulement l'Occident, il y a les pays du Moyen-
Orient, et des pays lointains, comme l'Australie ou
le Brésil. Le coupable dans tout cela, c'est le régime.

Il essaie de se faire passer pour une victime, mais ça ne tient pas debout.

Pensez-vous que les pays européens devraient agiter la menace de nouvelles sanctions comme, par exemple, la rupture des relations diplomatiques ?

Ce n'est pas le problème. On peut reconnaître diplomatiquement la République islamique, cela ne change rien au fait que l'on ne peut pas lui faire confiance. Combien de fois a-t-on été dupés ? Combien de fois nous a-t-on menti ? Combien de fois a-t-on dû passer par un tiers pour obtenir des informations que le régime, selon la loi internationale, aurait dû communiquer de lui-même ? Combien de fois a-t-on retardé l'application des résolutions des Nations unies ? Combien de fois l'AIEA est-elle intervenue afin de laisser plus de temps à l'Iran ? À chaque fois le régime a promis : « On vous fournira les informations que vous réclamez sur le programme nucléaire, on fera ceci, cela… »

Si les dirigeants iraniens veulent accéder à l'énergie nucléaire seulement pour un usage civil, il leur suffit de dire : « Nous ouvrons les portes, nous acceptons une présence permanente de l'AIEA, voici le volume de mégawatts que l'on veut produire, on a besoin de tant de sites nucléaires… Venez voir, venez vérifier, on n'a rien à vous cacher. » Ils auraient pu le faire dès le début. Or ils ne l'ont pas fait. Conclusion : aujourd'hui, aux yeux de l'opinion internationale, le régime actuel a perdu toute crédibilité.

Pensez-vous que les Américains devraient engager un dialogue direct avec l'Iran comme Barack Obama l'a envisagé ?

Pour aboutir à quoi ? Encore une fois, on revient à la question clé que j'ai posée.

Si demain s'ouvrait une ambassade des États-Unis à Téhéran, ne serait-elle pas un point d'appui pour des opposants qui pourraient y trouver un soutien, un refuge ?

Ce ne serait pas dans l'intérêt du régime. Les mollahs le savent d'ailleurs. C'est un régime où, depuis trente ans, tous les vendredis, après l'appel à la prière, on crie : « Mort à l'Amérique ! Mort à Israël ! » Il leur serait difficile d'expliquer : « Maintenant on oublie tout, on devient amis. » Cela reviendrait pour le régime à renier une part de sa raison d'être et de son idéologie.

Pourquoi les États-Unis voudraient-ils rétablir maintenant des relations diplomatiques avec Téhéran ? Pour récompenser quoi ? L'intransigeance du régime ? Ce serait très mal vu par la population iranienne.

Certains Iraniens de la diaspora se font une idée tout à fait différente. Ils souhaitent laisser les choses aller, mais eux n'ont pas le canon sur la tempe jour et nuit. Quand on n'est pas dans le désespoir, quand on mène une vie tranquille, on est enclin au dialogue, on veut naturellement surmonter les conflits.

Pour moi, le point de vue des Iraniens de l'intérieur passe avant tout. Ils considèrent qu'une ouverture ne sera pas comprise comme une tactique de l'Occident mais comme une légitimation du régime qui pourra alors expliquer à la population : « Vous n'avez rien à dire, parce que le monde nous reconnaît, dialogue avec nous, même les Américains cherchent à parler et à travailler avec nous. »

Donc l'ouverture d'une ambassade américaine à Téhéran irait à l'encontre de la troisième voie que vous proposez ?

Je pense que cela détruirait le peu d'espoir qui subsiste pour mes compatriotes qui penseraient : « On est fini. Si maintenant le monde accepte définitivement le régime, cela veut dire qu'il ne nous soutiendra pas. » Ce ne serait pas en soi une mauvaise chose mais cela démoraliserait complètement les partisans de la démocratie à l'intérieur si on n'obtient rien en échange. Après toutes les menaces et les sanctions, si tout d'un coup on agit dans l'autre sens, on se contredit totalement…

Vous êtes pour ou contre le dialogue ?

Comme je l'ai déjà dit plusieurs fois, je ne suis pas contre le dialogue. Mais il ne doit pas être limité au régime, il faut aussi qu'il implique l'opposition. Si demain les États-Unis déclarent : « On oublie tout, on reprend à zéro les relations, et sans la moindre condition… », ce serait alors le régime islamique qui poserait ses conditions : ne pas parler des droits de l'homme et du terrorisme dans la région, faire taire les opposants au régime réfugiés en Occident…

Si les États-Unis ne posent aucune condition, cela va déséquilibrer le rapport de forces actuellement favorable à l'Occident. Si vous donnez sans rien obtenir en échange, vous vous trouvez à la merci du régime. Qui perdra dans tout ça ? Encore une fois, ce sont les forces démocratiques en Iran. Le monde occidental est totalement fondé à imposer à l'Iran de reconnaître des principes fondamentaux comme les droits de l'homme, la liberté d'expression et la liberté religieuse.

Les contacts que j'ai quotidiennement avec l'intérieur du pays me permettent d'affirmer solennellement que seules ces conditions donneraient de l'espoir au peuple iranien. Maintenant, la question qui se pose à moi en tant qu'Iranien, démocrate, partisan des droits de l'homme est simple : le monde libre serait-il prêt à risquer ses intérêts économiques à court terme au nom de ses principes fondamentaux ? Je n'en suis pas certain, mais je l'espère vivement.

Je ne suis pas convaincu par votre démonstration. L'ouverture d'une ambassade américaine à Téhéran demain, ou la visite officielle d'un président américain en Iran, cela pourrait avoir le même effet que la visite du pape en Pologne en 1980 quand des millions de Polonais sont sortis dans les rues sans que le régime communiste puisse rien faire. Dès que l'on apporte un souffle de liberté dans un pays dictatorial, cela crée un lieu où se réfugier, trouver de l'aide et des informations, ça ne peut être que positif.

Vous avez partiellement raison mais dans la réalité ce sera plus compliqué. L'ouverture d'une ambassade ne va pas tout de suite créer un déclic si elle n'a pas été précédée par un changement de comportement du régime, pas seulement envers l'extérieur mais envers sa propre population. Et c'est cela que les Américains devraient poser comme condition au rétablissement des relations diplomatiques.

Je trouve un peu difficile à croire après tous les bouleversements survenus depuis vingt ans, la fin de l'apartheid, l'effondrement de l'Union soviétique et des dictatures militaires d'Amérique latine, que l'Iran reste le seul pays où rien ne bouge. C'est impossible !

Et si, comme avec Saddam Hussein, nous étions de nouveau en face d'une manipulation ? Et si l'Iran, mal-

gré sa volonté, n'avait tout simplement pas les moyens de se doter réellement de capacités opérationnelles dans le domaine du nucléaire militaire ? Est-ce une hypothèse que vous avez envisagée ?

Saddam Hussein, c'était une histoire différente, il avait déjà utilisé des armes chimiques contre les Kurdes et pendant la guerre contre l'Iran. Mais sur ces charges réelles, qui appartenaient au passé, les Américains ont voulu plaquer des accusations dont ils n'avaient pas la preuve. C'était après le 11-Septembre, ils voulaient en découdre… Mais je vois une différence fondamentale : cette fois, à l'inverse du précédent irakien, c'est l'AIEA qui affirme détenir certaines preuves du caractère militaire du programme nucléaire iranien, alors que les services de renseignement américain semblent en douter. Je ne vois pas pourquoi le régime islamique blufferait à moins qu'il ne cherche à pousser les États-Unis à une négociation où il obtiendrait beaucoup en échange de l'arrêt d'un programme nucléaire qui ne serait qu'embryonnaire.

Considérez-vous que l'Iran, devenu une démocratie, pourrait accéder au nucléaire militaire, au même titre que l'Inde ou le Pakistan ?

Je n'oublie pas que l'Iran est signataire du Traité de non-prolifération. Contrairement à la République islamique, qui méprise les accords internationaux, un gouvernement démocratique devra respecter cette signature et stopper immédiatement tout programme nucléaire militaire. Mais si l'accès au nucléaire a précédé le changement de régime, il est évident que la situation sera alors perçue comme moins dangereuse par la communauté internationale.

Dans ce cas, il serait souhaitable que l'Iran démocratique propose un désarmement progressif à l'ensemble de la région. En clair : tout le monde fait marche arrière en même temps, un peu comme la réduction des armements négociée entre les États-Unis et l'URSS. Peut-on arriver à le faire ? Ce serait l'idéal…

Un Iran démocratique peut aider à la stabilisation de la région. L'Iran reste la clé de l'équilibre régional. Quand la région a été déstabilisée par la révolution islamique, les Soviétiques ont envahi l'Afghanistan puis Saddam Hussein a attaqué l'Iran. Si mon pays sort de la dictature, il peut tirer en avant toute la région. Espérons qu'un jour Israël accepte d'être dénucléarisé, après avoir fait la paix avec les Palestiniens et l'ensemble du monde arabe. J'espère que l'Inde et le Pakistan arriveront à un accord concernant le Cachemire. Je suis sûr qu'un Iran démocratique fera baisser la tension entre chiites et sunnites grandement attisée ces dernières années par la République islamique. Il ne fera rien qui puisse inquiéter ses voisins. Depuis l'Antiquité, où leur empire s'étendait de la frontière chinoise à la

Méditerranée, cela fait longtemps que les Iraniens ont abandonné toute visée expansionniste. Nous sommes un peuple pacifique.

12

Le temps presse

Comment les Iraniens peuvent-ils mettre en œuvre la désobéissance civile ?

Mettez-vous à la place d'un Iranien d'aujourd'hui. Il déteste ce régime. Il est persuadé qu'aucun de ses problèmes ne sera réglé tant qu'il sera en place. Dès lors, quelles questions va-t-il se poser ? Premièrement : quelle est la solution ? Deuxièmement : comment y parvenir ? Troisièmement : quels sont les risques à prendre ? Enfin, il s'inquiétera de savoir s'il sera soutenu. Il ne pourra y avoir d'insurrection populaire si nous n'avons pas l'assurance que le monde libre soutient effectivement et sans ambiguïté le peuple dans sa lutte pour la liberté et la démocratie.

Nous en sommes actuellement au stade des revendications sectorielles. L'ouvrier réclame le droit de former un syndicat et ses arriérés de salaires, le journaliste demande la liberté de la presse et proteste contre les arrestations arbitraires de ses collègues… Mais si tous

ressentent que les grands pays démocratiques les soutiennent, alors on verra se développer des grèves et des
protestations de plus en plus politiques. À leur
paroxysme, elles pourront paralyser l'activité économique du pays.

À ce stade de son développement, le mouvement
aura besoin d'être soutenu de l'extérieur par des sanctions ciblées, comme le refus de visas pour les représentants du régime, ou la confiscation de leurs avoirs
bancaires, des sanctions susceptibles de blesser le
régime sans pour autant porter préjudice au peuple.

*Ce mouvement ne peut-il pas selon vous se développer
sans ingérence de la communauté internationale ?*

Il est clair en tout cas qu'il ne pourra pas réussir sans
ce soutien. Personnellement, je suis favorable au droit
d'ingérence que défend M. Bernard Kouchner. Si un
génocide est en cours, comme actuellement au Darfour,
le monde libre a le droit, et même le devoir, d'intervenir pour sauver ces populations. Ce type d'intervention est légitime. Cela n'a rien à voir avec
l'ingérence visant à imposer telle ou telle politique.

Le droit d'ingérence est non seulement légitime
mais devient nécessaire dès lors qu'un gouvernement
viole les droits élémentaires de son propre peuple.
Tous les dissidents, tous les activistes, tous les défenseurs des droits de l'homme me répètent inlassable-

ment la même chose : on ne peut pas se faire éternellement arrêter, torturer, exécuter, bâillonner… Quand le monde va-t-il enfin réagir ?

Pouvez-vous nous dire précisément les sanctions que vous préconisez ?

Je propose essentiellement des sanctions bancaires qui viseraient les dirigeants du régime : elles font mal au système et sont indolores pour la population. C'est efficace : on peut bloquer des fonds, stopper des transferts. D'autre part, en refusant des visas, il est également possible d'empêcher les déplacements des hommes d'affaires iraniens liés au régime, de sanctionner les diplomates… On peut faire beaucoup de choses avant de tirer des missiles.

L'opposition peut-elle utiliser l'élection présidentielle de juin 2009 pour s'exprimer et dénoncer le régime ?

Elle devrait le faire même si ce sera difficile car les candidatures sont filtrées par le conseil des Gardiens de la Constitution. Il est donc *a priori* impossible qu'un opposant puisse se présenter. Toutefois, une candidature symbolique pourrait permettre de démontrer une fois de plus à ceux qui doutent encore le caractère totalitaire du régime et que cette « élection » n'est qu'une scandaleuse farce.

*Et vous, seriez-vous candidat à la présidence de la
République ?*

Non. Et cela pour trois raisons. D'abord, en me portant candidat à la présidence de la République islamique, je pourrais paraître cautionner les institutions
de ce régime. C'est impensable.

Ensuite, je ne veux pas entretenir une ambiguïté
concernant mon avenir. Partisan d'une monarchie parlementaire, je ne postulerai pas à une fonction présidentielle même dans un cadre démocratique.
Aujourd'hui, j'ai un rôle de fédérateur des forces démocratiques et de catalyseur du changement. Ce rôle s'ar-
rêtera le jour où mes compatriotes pourront déterminer
librement leur destin. Dès lors, mon avenir politique
dépendra de leur choix. S'ils optent pour la monarchie
parlementaire, je serai fier d'assumer cette charge et
de continuer à servir l'Iran, mais s'ils préfèrent une
république, alors je serai heureux de vivre comme un
simple citoyen dans mon pays.

Enfin, je crois que mon devoir est de renforcer les
fondations des institutions démocratiques. Ce qui me
préoccupe, c'est l'indépendance de la justice, la liberté
syndicale, la liberté d'expression, mais aussi la protection des droits des minorités. Je veux rester libre de
mes pensées, et libre d'en discuter avec quiconque ;
une liberté que je n'aurai pas si je devais défendre une
idéologie, ou une vision particulière ; ce qui serait le

cas en étant candidat à une élection présidentielle où je devrais défendre le programme d'un parti. Je préférerai toujours dialoguer avec n'importe quel individu, sans avoir une barrière idéologique qui nous séparerait ou créerait un conflit. Mais tout cela c'est pour l'avenir, pour le jour où mon pays sera libre.

En lisant ce livre, beaucoup vont se dire : Reza Pahlavi se prétend démocrate. Parfait ! Mais, vu le passé de sa famille et du pays, quelles garanties nous donne-t-il contre d'éventuelles dérives ?

Nul ne peut garantir à lui seul la démocratie. Le problème se poserait de la même manière pour une république. Étant donné l'histoire de mon pays, sa culture, quelle garantie aurions-nous qu'un président ne céderait pas aux vertiges de l'autoritarisme dans des circonstances exceptionnelles ?

Seules des institutions, une Constitution fondée sur la Déclaration universelle des droits de l'homme, des lois garantissant la liberté d'expression et la liberté de la presse, une séparation des pouvoirs et l'établissement de contre-pouvoirs peuvent garantir la démocratie. C'est ce projet que je propose à mes compatriotes. Depuis la mort de mon père il y a vingt-huit ans, je n'ai pas changé de ligne et de discours sur ce sujet fondamental.

*Et qu'est-ce qui garantit la sincérité de votre évo-
lution ?*

J'ai hérité d'un nom et j'en suis fier. Au bout du
compte, aujourd'hui, beaucoup d'Iraniens réalisent les
services que mon grand-père et mon père ont rendus
au pays. Avec le recul, ils les jugent sereinement. Ainsi
mon père jouit aujourd'hui d'une popularité bien plus
grande que pendant son règne. Et je ne parle pas de
mon grand-père !

Mais je ne me réduis pas à cet héritage. Je suis Reza
Pahlavi, j'ai ma propre personnalité, mon propre parcours, mes propres idées. Que l'on me juge à mes
paroles et à mes actes. Ce ne serait pas équitable ni
même rationnel de juger quelqu'un pour ce qu'a fait
son prédécesseur. Je ne vous juge pas d'après ce que
je connais de vos parents.

*Mais la différence avec le commun des mortels, c'est
que vous existez politiquement parce que vous êtes l'héritier du trône d'Iran.*

Non, pas seulement. De nombreux républicains et
d'anciens opposants me soutiennent aujourd'hui parce
qu'ils adhèrent à mon projet et savent que je suis sincère. Ce sont eux qui me demandent d'être davantage
actif. Je n'ai jamais cherché à m'imposer. S'il y avait
un rejet, non seulement de l'institution, mais de ce que
ma famille représente, je ne serais pas là.

Et puis mon existence a été très différente de celles de mon père et de mon grand-père. J'ai passé les deux tiers de ma vie en exil, j'ai partagé de lourdes épreuves avec mes compatriotes. J'ai beaucoup voyagé, rencontré des citoyens de tous les pays, de toutes les origines, de toutes les religions, de tous les milieux sociaux.

Quand vous repensez à l'Iran que vous avez quitté depuis juin 1978, quel est le premier souvenir, la première image qui vous revient ? Comment imaginez-vous votre pays ?

Partout où je voyage dans le monde, à n'importe quel moment, quelque chose peut me rappeler l'Iran : une image, un bruit, un goût, une odeur… Quand je regarde une ville ou un paysage, je les compare toujours à l'Iran. Ah ! Les paysages iraniens ! Et la chaleur, la gentillesse, le raffinement de notre peuple…

C'est un très beau pays, je ne peux pas m'en défaire. J'ai traversé toutes ses provinces pendant mon enfance, j'en ai gardé tellement de souvenirs : celui d'une boulangerie, d'une épicerie, d'un marché, du bazar, d'une forêt, d'une montagne, d'un désert, de la mer… Un moment passé avec des pêcheurs sur leur bateau, une rencontre avec des ouvriers sur un chantier, me joindre à eux pour poser des briques, construire une cabane, planter des clous, scier une planche… Un camp de scouts dans la forêt, un match de football improvisé avec de jeunes villageois. Toutes ces images habitent mon esprit. Quand je rencontre des Iraniens qui arrivent de là-bas, je suis impatient de voir les photos qu'ils en ramènent. Je suis pressé de voir si tel endroit a changé.

Grâce à tous les contacts que j'entretiens avec mon pays, je connais parfaitement le quotidien et les soucis de mes compatriotes. Je suis connecté en permanence avec l'Iran d'aujourd'hui.

Pensez-vous que l'Iran de vos souvenirs existe encore ?

L'âme iranienne demeure inchangée, notre peuple est aujourd'hui victime de circonstances tragiques mais qui ne dureront pas. Ce n'est pas sa faute, il en souffre. Mais il ne doit pas pour autant attendre passivement qu'un changement tombe du ciel.

Je crois à la responsabilité personnelle. On ne peut pas vouloir vivre mieux et ne rien faire pour le changement. C'est une question de mentalité. Beaucoup d'intellectuels iraniens estiment que la clé de nos problèmes politiques, en matière de démocratisation, est d'abord culturelle, qu'il faut passer d'une mentalité émotionnelle à une mentalité rationnelle.

Dans l'image que vous avez de l'Iran, la République islamique est-elle présente ?

Ma vie, depuis vingt-huit ans, est un combat de chaque instant contre ce régime. Elle est évidemment omniprésente.

Et comment vous la représentez-vous ?

Comme l'exact contraire de ce que je suis. Les dirigeants islamistes haïssent l'humanité. Ils la divisent en groupes, sous-groupes destinés à s'opposer, à s'exclure, à s'entre-tuer. Je suis un humaniste, un universaliste. Je crois en l'homme, je crois en sa grandeur, je crois en sa liberté…

Parfois, je prends mes filles par la main, je les amène sur une plage, le soir, par temps clair et, en leur montrant les étoiles, je leur dis : « Allongez-vous quelques minutes, dans un silence total, et imaginez l'infini, imaginez l'immensité, cet espace illimité où le temps ne signifie plus rien, regardez cet espace, imaginez les milliards d'années qui se sont écoulées, et pensez que si l'univers équivaut à une année, toute la civilisation humaine représente à peine quelques fractions de seconde ; une petite planète de rien du tout dans un petit système solaire, au sein de cette galaxie que l'on appelle la Voie lactée qui elle-même est entourée par des milliards de galaxies. » Je leur demande : « Qui sommes-nous en fin de compte ? Pourquoi sur cette planète ? Quel est le sens de l'existence ? Penser seulement à l'aspect matériel de la vie ? Chercher à tuer son prochain au nom du même dieu ? Peut-être, leur dis-je, faut-il être en quête de la perfection incarnée par le Créateur qui nous a créés dans un monde imparfait. Donner un sens à sa vie en tentant de s'améliorer. »

Je tiens à transmettre à mes filles une partie de ce que l'on m'a transmis afin qu'elles le transmettent à leur tour. Rendre le monde plus habitable, plus fréquentable, en faire un lieu où l'homme, peut-être dans quelques siècles, détaché des problèmes matériels, pourra se consacrer à son enrichissement intellectuel.

La réalité malheureusement est bien différente. Je vois le génocide au Darfour, la dictature en Iran, les conflits ailleurs… Avec deux milliards d'humains qui « vivent » avec moins de 2 dollars par jour, sans parler de ceux qui meurent de faim. Comment pourrais-je ne pas me sentir lié à cette humanité ?

Cela fait longtemps que j'ai fait le choix de l'universalisme, de la démocratie et de la laïcité. Je sais que le peuple iranien, qui depuis trente ans souffre de la dictature islamiste, est parvenu aux mêmes conclusions que moi.

Nous sommes à l'heure du choix démocratique, c'est une urgence pour l'Iran mais aussi pour le monde, si on veut éviter la catastrophe.

Il reste peu de temps. Je demande à la communauté internationale de nous aider.

Table

Achevé d'imprimer
sur Timson
par Normandie Roto Impression s.a.s.
61250 Lonrai
Dépôt légal : février 2009
Numéro d'imprimeur : 090019

ISBN : 978.2.207.26103.3 / Imprimé en France